有志者事竟成破釜沉
舟百二秦關終屬楚
苦心人天不負卧薪嘗
膽三千越甲可吞吳

敬錄古聯為學生文集而題

龐思勤 二〇一七年元月 於北理珠

精英明志
——策励优秀学子成才之志——

主编 丁璇 祝武强
编委 程振 曾艳芳 陈鸿朗 杨虹 黄淑榆 余晓娜

励志成才
——自强写人生

The Path to Self-improvement

北京理工大学出版社
BEIJING INSTITUTE OF TECHNOLOGY PRESS

图书在版编目（CIP）数据

励志成才：自强写人生/丁璇，祝武强主编. —北京：北京理工大学出版社，2017.4

（精英明志）

ISBN 978-7-5682-3956-1

Ⅰ.①励…　Ⅱ.①丁…②祝…　Ⅲ.①大学生-模范学生-先进事迹-中国　Ⅳ.①K828.4

中国版本图书馆 CIP 数据核字（2017）第 064665 号

出版发行 / 北京理工大学出版社有限责任公司
社　　址 / 北京市海淀区中关村南大街 5 号
邮　　编 / 100081
电　　话 /（010）68914775（总编室）
（010）82562903（教材售后服务热线）
（010）68948351（其他图书服务热线）
网　　址 / http://www.bitpress.com.cn
经　　销 / 全国各地新华书店
印　　刷 / 保定市中画美凯印刷有限公司
开　　本 / 710 毫米×1000 毫米　1/16
印　　张 / 15.5
字　　数 / 244 千字
版　　次 / 2017 年 4 月第 1 版　2017 年 4 月第 1 次印刷
定　　价 / 46.00 元

责任编辑 / 李慧智
文案编辑 / 李慧智
责任校对 / 周瑞红
责任印制 / 王美丽

序　言
PREFACE

身边榜样——学风建设中不可或缺的力量。

学风是一所大学的灵魂，是学校生存与发展的根本支柱。一般来讲，狭义的学风特指学生的学习风气，是学生总体学习质量和学习面貌的主要标志，是全体学生群体心理和行为在治学上的综合表现。学生群体的学习目标、学习态度、学习纪律、学习方法、学习兴趣、学习效果在不同层次上构成了学风的要素。

看当前中国的大学，每年毕业生未能按期取得毕业证的比例都显得比较高，部分知名的研究型大学可以解释为“严出”，而其他二三本层次的学校显然就必须多考虑加强学风建设了。思考影响大学学风的原因，我想大约有以下三个：一是高考，千军万马杀过独木桥，初入大学，生涯规划未能接续；二是生活条件渐渐富足，二代缺乏一代刻苦求学的内生动力；三是社会逐渐开放多元，校园外的浮躁必然影响校园内的安宁。

再看构成学风的六大要素，尤为重要的是学习目标。学风建设主要也就是要解决学生为何而学的问题，首要加强的是让学生学习的目的明确，然后是学习的态度端正，学习的热情激发，学习的方法科学，学习的能力和学习的质量提高。

在学风建设方面的理论研究成果很多，但卓有成效的具体做法却很少。但无论如何，朋辈榜样的力量在学风建设中所起的作用是不可或缺的，正如列宁同志所说："榜样的力量是无穷的。"

本书中收录了我校2015年和2016年国家奖学金、光大奖学金（我校奖金额最高的学生奖学金）获奖学生的自传，汇集我校91名优秀学生的信息材料，最真实地跟大家分享自己奋斗的青春，讲述自己在大学生活中的所思所想、所得所悟。他们通过不同侧面展现着奋斗的青春，彰显着自信绚丽的自我，每个人亮点不同，有学科竞赛突出的"达人"，有学生干部工作出色的"牛人"，有专业绩点超高的"学霸"，有热心公益的模范，他们都是广大青年学子的榜样。本书中一个个鲜活的来自身边的案例，比起单纯的课堂说教和制度约束，更能有趣有料地起到学习榜样、见贤思齐的作用。

以先进的思想培育人，以优秀的模范激励人，以杰出的事迹感染人，以榜样的力量引领人。愿我们的学子感悟到这榜样的力量。

是为序。

北京理工大学珠海学院党委副书记、副院长

李绍勋

目录
CONTENTS

邓帮睿

工业自动化学院，2014级，中共预备党员。专业排名1/311。

获奖及评优情况：

共参评优秀学生奖学金3次，其中特等奖学金3次；国家励志奖学金1次；

2015年获得全国应用型人才综合技能大赛“太尔时代杯”二等奖、“海尔创客杯”三等奖；

2016年获得北京理工大学珠海学院2016年“挑战杯·创青春”暨第六届大学生创业大赛三等奖等学科竞赛奖3项；

2016年参加寒假母校回访活动（获得优秀奖）等社会实践2项。

自我的寻找与完善

本人邓帮睿，是北京理工大学珠海学院2014级机械工程3班学生。现任2016级工业工程2班新生班主任、CAD软件技术协会项目部部长以及班级学习委员，获得国家级奖3项、省级奖2项、校级奖7项、院级奖2项。

迷茫期与选择期

作为在被人称为“千军万马过独木桥”的高考中被角逐下来的学生，自进入大学以来，未曾设立任何目标的我将学习作为主旋律，认真勤奋，经常沉迷于图书馆，奔波于课室、自习室、图书馆，因为我始终相信，不断地学习总会有回报的。大学两年来，我的绩点排名专业第一，在参评的三次奖学金中共获得三次特等奖学金，还曾获得国家励志奖学金以及艾乐家奖学金。此外，在大学两年里，我还自学了 CAD、UG、PROE 等软件，通过 CAD 二级工业产品类的考证、英语四级以及计算机二级技能证书，通过不同的方式掌握多种技能。

在追求成绩优异的过程中，我发现大学梦应该是丰富多彩的，仅仅学习成绩上的优异并不能支撑自己的大学梦，更需要做出其他方面的尝试。我把完善自己未来的简历作为自己的目标，尝试参加学科竞赛，将自己学到的专业知识与学科竞赛相结合。于是，我开始自学机械类的相关知识，每天晚上都会挑灯夜战，完善文件、提前学习专业知识，并运用之前学习到的各类软件知识进行绘图。在参加全国应用型人才综合技能大赛上，我们团队分别在“太尔时代”杯、“海尔创客”杯中获得二等奖和三等奖，在首届数控竞赛上获得三等奖。除了参加学科竞赛，我也参加一些社会实践活动，例如，在寒假母校回访中，为新生答疑解惑，获得了优秀奖，并在院企合作的项目中担任主要负责人。

完善：遇见更优秀的自己

为了能遇见未来更优秀的自己，我在各方面都努力走向完善，也在逐步地自我沉淀，在评奖评优中获得 2014—2015 学年度的“优秀学生”及 2015—2016 学年度的“优秀团员”；在沉淀的同时也不断发掘自己的不足，从自己性格的角度上看，因为进入大学时自己的性格比较内向，所以大学期间自己也比较注重在这方面的自我突破：在班级担任学习委员，担任第八届团学会学习部副部长，现担任 2016 级工业工程 2 班新生班主任以及 CAD 软件技术协会项目部部长。在对这些职务工作的熟悉过程中，我也尝试着逐步与他人沟通、交流，通过沟通逐步认识他人。这一过程也提高了自己与人交流的能力。

我至今仍记得刚到大学的一场糟糕的面试，由于我性格内向，不善言辞，面试官提问题的时间比我回答的时间还长。到现在，我已能在新生班级中一点一点给他们讲解学校的要求及新生的注意事项，而且我发现当新生班主任也是一件特别有意义的事情，跟新生相处过程中特别想把自己在大学两年学到的东西教给他们，让他们在大学生活的过程中少走弯路，帮他们找到一件自己觉得对并且想坚持下去的事情。此外，我发现大学的确是个能让人成长的地方，自己的不足都是在大学期间一点点发觉并慢慢改变的。大学期间，我发现自己的阅读量从初中、高中以来就比较少，现在也开始为自己设定目标，以一个月读完三本书作为自己的计划，每个月都不曾间断。几个月下来，我发现每读一本书都让我受益匪浅，无论是畅游人物自传，还是钻研专业书籍，抑或是品读名人书信，都能给我带来不一样的感受，自己也从中学到很多。

在自己规划好的时光中忙碌度过，发现自己的生活也在一天天地变得更加充实。如今，我所做的每一个决定都是为了将来成为更好的自己，并且我做的每一个决定都会是自己深思熟虑的结果。我相信，现在脚踏实地、艰苦奋斗的经历，定会为以后闯出不一样的天地打下扎实的基础！

黄茂航

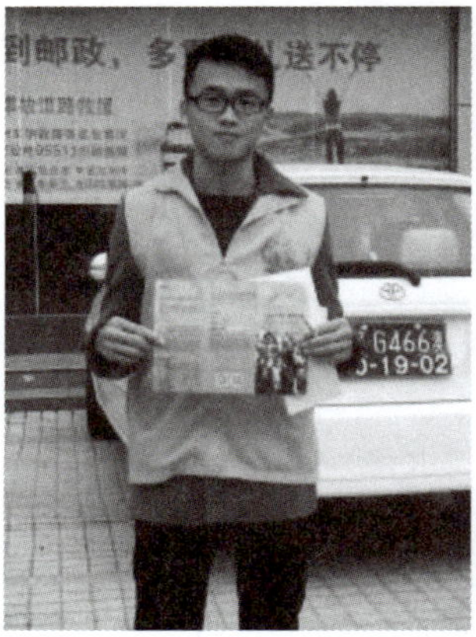

工业自动化学院，2014 级，共青团员，学习委员。专业排名为 20/311。

获奖及评优情况：

共参评优秀学生奖学金 3 次、二等奖学金 2 次、三等奖学金 1 次；

2014 年获得中国扶贫基金会“奔跑吧，志愿者”挑战赛全国第 2 名；

2015 年获得北京理工大学珠海学院数控竞赛三等奖等两项校级奖项；

2016 年获得广东省“创青春·挑战杯”创新创业大赛铜奖等两项省级奖项；

2016 年，“互联网+农业，助力新农村建设”项目获得校级立项，并获得 5 000 元调研资金，实践项目受到《汕尾日报》的关注与报道。

躬行实践，全面发展

我是黄茂航，工业自动化学院 2014 级机械工程专业学生，专业排名为 20/311，现任 CAD 协会副会长，班级学习委员。在校期间，共获奖项 15 项，其中国家级奖项 4 项、省级奖项 1 项、校级奖项 10 项。

自从上大学以来，我追求自立，演绎自强，彰显自信，践行公益，躬行实践，全面发展。

2014—2015 学年度，我担任校自强社干事，不断尝试，努力做好每一件事，只希望自己变得更好！2014 年加入校自强社爱心公益部，至今公益时数逾 100 小时。2014 年担任大型公益活动“善行一百”小组组长，进行街头公益劝募，带领整个小组劝募金额达 5.6 万元，个人劝募金额达 1.3 万元，荣获全国第五名。2014 年与四川大学、华南农业大学、长安大学等 20 所高校志愿者到四川雅安参加中国扶贫基金会组织的“年度超级志愿者”探访活动；2015 年担任“毕业送”公益活动小组组长；2015 年负责管理校自强社公益系统，与文法、会金自强分社、大学生事务中心进行公益活动交接，发布公益活动以及处理活动名单；2015 年组织“益起来”团队策划“书漂暖流”公益活动，参加全国好丽友公益梦想实践大赛；2015 年参加爱心助教、交通指引、事务中心日常维护等公益活动。

2015—2016 学年度，我担任 CAD 协会宣传部部长、班级学习委员、学院学生助理，奋力拼搏，尽心尽责，问心无愧！

2015 年负责 CAD 协会第一届换届大会的筹备工作；2015 年组织 CAD 协会宣传部 22 名成员开展部门摄影创新活动；2015 年寒假组织 CAD 协会 40 名成员开展 solidworks 软件学习，组建寒假集训队。

2016 年负责 CAD 协会海报、会旗、会徽、会服设计安排工作；2016 年组织宣传部成员参加创新科技展活动，共 5 项作品参赛，协助 CAD 协会荣获最佳团队奖；2015—2016 年参与 CAD 协会第二期、第三期会员招募工作；2015—2016 年负责 CAD 协会宣传工作，管理协会微信公众号推送，个人撰写新闻稿 15 篇，微场景推送 2 篇；2015—2016 年，我积极参加学科竞赛，积极与 CAD 软件技术协会项目部成员一起参加 UG 数控竞赛、机械设计创新硬币机的设计、广东省“挑战杯·创青春”创新创业大赛、创新创业项目申报、创新科技展等活动。

2016—2017 学年度，我担任 CAD 软件技术协会副会长，班级学习委员，努力依旧，初心不变。

2016 年，我参与的“互联网+农业，助力新农村建设”项目校级立项，获得 5 000 元调研资金。此实践项目是到广东汕尾九龙村推广互联网+农业，受到《汕尾日报》的关注与报道。

回想 2014—2016 年两年多来的历程，我躬行实践，落实行动，全面发展，收获颇丰。无论是在社会实践还是学科竞赛领域，我都敢于去尝试，挑战，拼搏，奋斗！回首大学生活，我问心无愧！

黄嘉欣

材料与环境学院，2013 级，中共党员。专业排名为 1/47。

获奖及评优情况：

共参评优秀学生奖学金 5 次，其中特等奖学金 5 次；

2014—2015 学年光大奖学金；

撰写《氢氧化镁对磷酸二氢铵灭火性能的影响》等论文 3 篇；

获得 2015 年中国消防协会科学技术年会优秀论文三等奖、2016 年中国消防协会科学技术年会优秀论文一等奖、珠海市高新区安康杯征文比赛一等奖。

这一刻，我准备了三年，你们呢

还清晰地记得三年前，我刚刚踏进这所充满新鲜事物的学校，我的师长们就告诉我：你要有一个目标，或大或小，在这四年，朝着你的目标坚定地前行。如果你能做到，那么四年之后，你将有意想不到的收获。

在思想政治课上，老师让写下大学的目标时，你们是否认真去思考过？在创业就业的学生训练手册上，当提及大学十大目标时，你们是否仔细斟酌过？日子过得很快，大学四年的时间并不像你们想象中那么长，回头一看，不过是一眨眼的工夫。

还记得，在我大一的时候，有一次去“三饭”五楼开会，突然看到沿着楼梯上去的墙上挂着学校那些国家奖学金和光大奖学金获得者的照片和简介，心生羡慕与崇敬。从小到大我的成绩都是不上不下，我爸爸还曾开玩笑说是不是奖状发到你那儿刚好没了呀。但是不知为什么，那时的我看着那些公示牌，突然萌发了一个想法：如果有一天，我成了他们中的一员，会是什么样子的？

那天开会后，我就去翻阅了国家奖学金的申请条件。在2014年9月30日，当我基本满足申请条件时，我上交了申请表，但是很遗憾，仅获得一次特等奖学金以及一些荣誉称号的我还不够格。仔细思考之后，我明白了只有全面发展自己并拥有丰富的履历，才足以去追赶这个优秀的团体并成为其中的一员。于是我先选择挑战担任学生干部，脚踏实地努力工作。在工作中，我得到了老师和同学的一致肯定。很荣幸，我主笔的《优秀干部、优秀干事评选办法》获得了校优秀学生自治案例第7名。

接着我想，除社团工作以外，我还欠缺什么？我欠缺胆量，我上台会发抖，那么我需要一个平台，去让我变得更大胆一些。于是，我加入了珠海市高新区消防体验中心，成为一名讲解员。在这里，我需要面对不同年龄层的参观者，小到三岁的小朋友，大到各机关领导。慢慢地，我的各方面能力得到了大家的肯定，进而成为体验中心的副主任，我将体验中心的每一个设备的功能、原理和操作方法都进行汇总，并熟记于心。因为我知道只有全面了解工作的内容，才能运筹帷幄；我培养了一批讲解员，完善了管理制度和义工制度。任职期间，我在体验中心共接待了4 546人，145批次，其中包括夏令营、军训的学生、企业培训、中小学培训、接待机关领导，等等。

在这一年多的工作中，我学习到很多课堂上所学不到的东西，得到了许多宝贵的经验。因此，我撰写了一篇仅用一个星期的时间完成的论文《社会消防教育创新模式研究——以广东省珠海市消防体验中心为例》。在把这篇论文提交给广东省消防协会时，我心里没什么底，感觉自己写的这篇论文很平凡，没什么亮点。但在几个月后的某天中午，我收到了一封关于2016年中国消防协会科学技术年会获奖论文的公示名单的邮件。我怀揣着紧张的心情打开这封邮件，当看到我的名字出现在上面的那一刻很是激动，从未想过自己会获奖，也从未想过自己会成为全国唯一一个获得一等奖的本科生。当我的指导老师打电话给我时，我告诉他我没想过会获奖，他说："你的日常工作就是一个不断地改进、创新这种模式的过程，经过你这一年多的努力，你所描述的创新模式已经固定形成。"我明白了是经验成就了现在的我，所以我十分感激我的老师，带我参加如此多的实践。

在过去这三年中，我致力于从学习、工作、竞赛科研、社会实践和公益五个方面综合发展自身，不断完善自我。

在学习上，我共获得5次优秀学生特等奖学金、1次光大奖学金，获优秀团员、优秀学生、优秀学生干部等共 7 个荣誉称号。

在工作上，我曾任班级班长、团支书、材料与环境学院团总支学生会办公室主任、材料与环境学院教务处助理。现任珠海市高新区消防体验中心副主任，负责体验中心日常事务。

在竞赛科研方面，我致力于对所学专业领域的研究，于 2015 年参加珠海市高新区安康杯竞赛并荣获一等奖。此外，共发表了 5 篇论文，其中，《季戊四醇对膨胀型木材的影响》获 2015 年中国消防协会科学技术年会三等奖，《社会消防教育创新模式研究——以广东省珠海市消防体验中心为例》获 2015 年中国消防协会科学技术年会一等奖。

在社会实践方面，自 2015 年开始，我先后在 3 家公司进行实习，主要担任高新区安全检查组组长并负责撰写安全评价报告工作，将所学专业知识与实践相结合。

在公益活动方面，我去探访过敬老院的老人、为他们按摩陪他们聊天，也去过聋哑儿童中心陪小朋友们玩耍，教他们读书，让他们知道他们并不孤单，这个世界很温暖。在不知不觉中，我的义工时数已达到 100 多个小时。

说了那么多，也许大家会感到困惑，这和我所说的“这一刻，我准备了三年”有什么关系？从最初看到小小的公示牌到一步步朝着这个方向走来，我不断地改进自己的不足之处，与此同时也得到了许多意想不到的收获。在这个过程中我不断地思索如何去完成这个目标，直到现在实现了这个目标。这个过程历时三年，我准备了三年，最终实现了我所追求的。那么，你们呢？你们心中是否也和三年前的我一样有一颗叫作“梦想”的小种子正在发芽？抑或已成为一棵小树苗？我想，这个答案只有你们知道。希望你们能和我一样为自己的梦想而努力，并且最终让梦想得以实现。

黄琼凤

材料与环境学院，2013级，中共预备党员。专业排名为3/88。

获奖与评优情况：

共参评优秀学生奖学金5次，其中特等奖学金3次、一等奖学金2次；

国家励志奖学金2次；

优秀学生2次、优秀团员2次；

2015年首届北京理工大学珠海学院“青年与国家——先锋故事汇”二等奖；

2014年中国扶贫会“善行100”三星级志愿者。

破茧的美丽

2013年9月3日，我怀揣着激情与梦想来到了北京理工大学珠海学院。如今已是在学校的第四个年头，回忆起自己在大学的点点滴滴，不禁感慨指缝很宽，时间太窄，时间总悄悄地从指缝间溜走。

我叫黄琼凤，来自广东揭阳的一个普通家庭，是家里唯一一个大学生。曾经高考的失意让我沮丧过，愧疚过，但家人的鼓励与支持让我毅然决然“成败一笑过，潇洒向前行”。有的人在高考后迎来破茧的美丽，有的人选择在大学重新作茧自缚只为等来属于自己破茧的美丽。

作为大一新生，我褪去高中时期的羞涩与自卑，积极地融入班级、社团、社会的生活圈子。在来报到之前，我就私下接了同乡会会长的一个兼职——卖移动充值卡。一早报到完稍稍整理后，我就开始穿梭于宿舍楼层间，没人知道我是新生，她们客气地叫我师姐，与我交谈，为此我交上了几个朋友，也赚取了大学里的第一桶金。那时两三天我成功卖了60张卡，一张卡提成10元钱。这是一次对自我的挑战，也是蜕变自己的第一步，这次的经历让我体会到一丝的成就感。

入学后的10月份是学校社团最活跃的时期，我满心期待，想借助社团的力量来改变自己。我面试了5个社团，最终成功进入了两个。一是本学院团总支学生会的外联部干事，二是数学建模协会秘书部干事。2014年3月至今任班级副班长，有较丰富的社团实践和班级管理经验。

我时常以“用最少的悔恨面对过去，用最多的行动面对未来”自勉，所以从未停下前行的脚步。我积极参加各种课内外实践，在学院实验室担当义工助理，整理实验仪器和配制溶液，有一定的专业技能和素养。2014年12月，获得第九届有机实验技能大赛优秀奖；2015年11月，获得第三届化工原理知识竞赛优胜奖。在校内外也有丰富的兼职经历：2013—2015年，任教工餐厅&音乐小镇服务员；2014—2015年，任新东方与疯狂英语校园代理；2014—2015年，任唐家醒思教育机构家教老师；暑假在深圳大梅沙海滨公园旅游景点做销售员；寒假在珠海富腾&名图科技珠海联合天润耗材打印有限公司做生产工；2015年9月至今，做鑫荣懋农产品股份有限公司促销员。生活上我是一个十分独立的女生，我曾经站在自强之星的台上，向大家讲述我的大学生活、我的自强、我的蜕变，我的正能量助我成功获评自强之星。我也很喜欢参加公益，参加爱心公益活动高达86.5次，参加香洲义工的义工时达102小时；曾加入“善行100”活动中，为贫困山区的孩子募款；曾在香洲区的香凤社区服务站和景莲社区任长期的快乐四点半志愿者。如此热衷公益事业的我今在年7月很自豪地成为“香洲区大学生社区后备人才”的一员。

兼职与实践很丰富，但学习更重要。这是一个只承认强者的时代，而学习正是赋予了我们做强者的原始资本。我们有责任、有义务学好知识，所以再忙再累我也不会落下功课，我的专业排名3/88，踏踏实实、勤勤恳恳争当学习先锋。我共参评5次校优秀学生奖学金，获得3次特等奖、2次一等奖；获得2次国家励志奖学金；顺利通过大学英语四级（517分），取得普通话二级甲等和内部审核员资格证书。今年暑假在老师的带领下参加了江西理工大学举办的优秀大学生夏令营，进行学习与交流。在学期间荣获2次“优秀团员”、2次校“优秀学生”和2次院“优秀学生”荣誉称号。

荣誉的获得是默默地付出的结果，小小的奖励大大的激励，三年的成长让我更加释然地面对失败，我曾一度为自己未能获得含金量更高的奖励而懊恼，但是从这一刻开始，我依旧是我，只是心境不再相同。不论今后的路如何，我都会在心底默默鼓励自己，坚持不懈，等待那一场破茧的美丽。

李庆驹

外国语学院，2014 级，共青团员。专业排名为 4/112。

获奖及评优情况：

共参评优秀学生奖学金 3 次，其中特等奖学金 1 次、一等奖学金 2 次；

广东省本科高校英语写作大赛暨 2016“百万同题英语写作”活动决赛荣获英语专业组三等奖；

2015 年“外研社杯”全国英语写作大赛初赛二等奖；

新生杯英语演讲大赛专业组季军；

全国口语测评大赛本科专业组一等奖；

北京理工大学珠海学院第八届外语短剧大赛总决赛三等奖。

春风化雨乐未央，行健不息须自强

我是李庆驹，名字中的驹字，是我爷爷起的，他希望我像小马驹一样，在人生的路上不断锐意进取，来日成为一匹“千里驹”。转眼这匹小马驹站在人生的转角里，正准备逸尘断鞅。从小就热爱英语的我，不断地在心里对自己说，我一定要踏出一条属于我的英语路。

大一的我在踌躇和迷茫中，开始试探着适应周围的环境并且给自己定下目标，摸索着如何培养以自学为主的良好学习习惯和提升自己的工作能力。二年级的我力求扎实学科理论知识，学会自我沉淀，自我思考，自我成长。而三年级我的目标，是要把理论付诸实践，成为一名在学习上出类拔萃、工作上雷厉风行的优秀学生，最终实现自我突破。

身为一名起着榜样作用的学生干部，我在学习上对自己的要求几乎是苛刻的。“狠打基本功”是我现阶段的学习主题。第一，课前预习、课中听讲、课后复习一步都不能马虎，用正确的方法提高学习效率。俗话说“师傅领进门，修行靠个人”，要拥有出色的听、说、读、写、译等语言基本技能，培养强大的自学能力显得尤为重要。我在暑假期间就已经自学完了本学期1/2的课程，现在显得游刃有余。当你一直走在大部分人的前面，你就成功了一大半。第二，珍惜晨读。我坚持“准时就是迟到”的原则，每天提前5分钟到课室。早读中我心无旁骛，长期坚持晨读的听力与口语的输入输出，最终获得意想不到的成绩。现在的我已经实现了中英粤三语频道轻松切换。看美剧可脱离字幕，BBC、CNN新闻也可以用自己的语言转述。通过大一、大二两年的坚持，我荣获校优秀学生奖学金3次，其中特等奖1次，一等奖2次。学科成绩排名专业第6名，综合成绩排名专业第4名。我也积极参加各类竞赛，荣获了2016年广东省本科高校英语写作大赛暨2106“百万同题英语写作”活动决赛英语专业组三等奖、2015年外研社杯全国写作大赛初赛二等奖、2014年“新生杯”英语演讲比赛专业组季军、2015年全国口语测评大赛一等奖、2014年校外语短剧大赛优秀奖。这些证书在不停地激励我要冲刺跨越，突破自我，永不止步。

我目前担任外院2014级年级级长以及英语3班班长，同时也是一名光荣的党员发展对象。在年级管理中，我实行“主题工作制”，给每位级委班长制定相关的工作主题，由他们围绕着这个主题给直属的班委布置任务，层层分工，上层监督。这样一来减轻了我的负担，让我由执行者向管理者转变，二来每位干部都明确自己的分工，提高了工作效率，成果也更加显著。在班级管理中，我积极完善落实“舍长管理制”，以宿舍为班级的最小单位，依然强调分层管理，潜移默化地让每位同学都意识到自己要为这个班级的先进奉献自己的力量。在这两个岗位上，我感受到作为一名学生干部，必须要从大处着眼、小处着手、以身作则。我深知必须深入同学们之中，才能把学生干部工作做得更精，更好。在我与辅导员的努力下，我们英语3班，两年早读表现优良，被评为“优良学风班”，也是免监考班级、全勤班、自治模范班，而我本人也被评为“优秀学生干部”和“优秀团员”，并多次在各种分享会中分享学习和工作经验。作为一名党员发展对象、年级长、班长，我会继续努力去管理好我的年级、班级，努力使我所在的班级成为年级榜样，带动全年级发展，争取创建更多的全勤班、免监考班、优良学风班和优秀班集体，做一名合格的学生干部。

大家肯定很好奇，我是如何处理好学习和工作的关系的。不可否认，学生干部的工作的确很忙很累，但是这就给了自己逼自己的机会。因为太忙，我必须抓紧一切时间，用最少的时间做最多的事情，学业上用最少的时间消化最多的知识，工作上用最少的时间更好更快地实现目标；因为太忙，一旦某天正常时间安排被打乱占用，当天我的时间表就会变成“26 小时制”，用休息时间的 2 小时把失去的时间补回来；因为太忙，我必须舍弃不必要的休闲聚会娱乐时间。人家在为“都敏俊 xi”尖叫的时候，我在想方设法地杜绝宿舍大功率电器；别人在周末时候通宵 K 歌，我独自一人在宿舍一遍又一遍听写着 BBC 时事新闻。没有人是天才，之所以有人比你优秀，是因为你在放松的时候，他在努力。

作为一名标准的大学生，我们应当把自己培养成德、智、体、美、劳全面发展的优秀人才，除了保持优秀的学习成绩和做好本职工作，还需要积极参加社会实践。在学校，我积极投入班级、年级的集体活动当中，充分展示自我，挖掘自身的才能。校内的活动比赛给我提供了锻炼实践的机会，我自己也在为了能走上更大的舞台而不断地尝试。在校外，作为一名向上向善的好青年，我担任了 2014 年第十届中国国际航空航天博览会咨询翻译组志愿者，作为《报告文学》主编李鸣生老师的陪同翻译，荣获“优秀志愿者”称号。今年我还担任了 2015 年第二届中国国际马戏节节目交易会议志愿者。我利用寒暑假主动到家乡韶关的团市委实习，担任实习助理工作；也利用暑假的时间参加暑期社会实践活动，并担任了实践小分队队长。平日我也主动参加各类社会实践或爱心公益活动，积累自己的社会经验和丰富自己的阅历。

左图右史，邺架巍巍，致知穷理，学古探微，新旧合冶，殊途同归，肴核仁义，闻道日肥。年轻的钟声提醒我切不可急躁，提醒我要学会沉住气，提醒我要厚积而薄发。我相信，在自己自强不息的努力下，我这匹小马驹，一定能成为一匹千里驹！

李晓琳

外国语学院，2013 级，共青团员。专业排名为 11/66。

获奖及评优情况：

共参评优秀学生奖学金 5 次，其中一等奖学金 2 次、二等奖学金 3 次；

荣获 2015 年首届广东省大学生交通宣传作品创意大赛视频短片类一等奖等省级奖项 4 项；

荣获 2014 年珠海“平安学校，你我同行”安全防范宣传创意作品动画短片类大赛金奖等市级奖项 2 项；

荣获校 2015 年大学生文化艺术节之第四届“一拍即合”影视大奖赛特等奖等校级奖项 16 项。

平凡人更要走不凡路

本人李晓琳，女，汉族，1995 年 5 月出生，广东惠州人，共青团员，北京理工大学珠海学院外国语学院 2013 级汉语国际教育专业学生。担任班中纪律委员一职。2013 年 10 月加入校京涛海纳工作室，先后担任影视中心助理、影视总监，现任校京涛海纳工作室第七届理事会副理事长及影视总监，兼任校团委宣传部副部长。在职期间，主要负责“形象北理”文化品牌策划运营，学校宣传片、学生原创电影编导工作，拍摄制作校园形象宣传片《爱情篇》《军训篇》，并担任第五部原创学生电影《同行》以及第六部原创学生电影《所谓青春》的编剧以及统筹拍摄工作。至今拍摄影视作品 10 余部，并得到多家社会媒体报道。我曾在美国布莱恩特大学来校文化交流体验接待活动中组织策划和担任志愿者，参与“粤韵清音”广府粤剧文化探索与推广实践活动。在校期间，获得省级奖励 4 项、市级奖励 2 项、院校级奖励 25 项，获得 2015—2016 年度校“优秀学生标兵”荣誉称号、2015 年度校园十榜人物评比“文艺新锐榜”十佳个人奖。

从小到大，我都是一个很平凡的人，和大多数人一样，每天都在忙忙碌碌中平庸无为。但我喜欢观察周围的一切，因为众生相永远是艺术创作的灵感来源。人生如戏，戏如人生。于是，爱看电影的我选择踏上编剧之路，以一种最新的媒介去展现我写的故事。

我是理工学校的文科生，周围生活着许多理工男，他们是一个非常有魅力的群体，聪明睿智、专一坚持，但是给人的形象总是木讷呆板、不解风情。于是我决心为他们正名，我要写一个专属于理工男的故事，我要让大家知道理工男也有春天。于是，我巧妙地将动画版的理工男和实景相结合，便有了“形象北理”校园形象宣传片《爱情篇》。上线仅 24 小时，便收获超过 10 万的点击率。同时，我也参与了我校校园形象宣传片《军训篇》的拍摄制作。这使我更加相信，即使平凡如我，也能找到发光发亮的舞台。

还有一个对我而言具有特殊意义的作品，是 2015 年 11 月上映的我校第五部学生电影《同行》。它的灵感来源于几年前我在《南方周末》上看到的一篇关于同妻的专题报道，其中的真人真事触动了我，促使我多年后仍念念不忘要写这样的一个剧本。由于从未涉足过这一陌生领域，我必须要一点一点地去刻画人物细腻的情感，起初并不顺利，我几乎每天要改一万多字，不停地推翻，又不停地建立。但是在首映礼上看到成片以及超过 230 万的网络点击率时，我觉得一切都是值得的。

大学的时光匆匆而过，我的学生时代也逐渐接近尾声，即便平凡如我，也想为我的青春写一部纪念册。艺术永远来源于生活且高于生活，我根据身边的人和事得到灵感，创作了我校第六部学生原创电影《所谓青春》。逾千人出席首映仪式，观看后好评如潮，使普通人的青春也赢得了观众期盼的目光。

不知不觉，在大学期间，我已经创作了十余部剧本。我也不断地尝试着不同的风格，寻求突破。我第一部由剧本改编而成的影视作品是《炸片》，荒诞幽默的风格与安全防范宣传的题材相结合是它的一大亮点，这部影片获得了珠海安全防范宣传创意作品大赛银奖。之后，我又涉足了动画领域，分别编辑了三个动画文案，其中《开车请放下手机》获得了广东省文明交通宣传作品创意大赛特等奖，《教你如何识别邪教组织》获得了珠海安全防范宣传创意作品大赛金奖。由于喜爱广府粤剧文化，假期中我撰写了《粤韵清音》粤剧文化纪录片的文案，让我圆了制作纪录片的梦。

在写剧本的时候，我觉得我是颗会发光发亮的恒星。平时，我还是那个平凡的我，热爱生活，热爱学习。学习固然是重中之重，但大学的殿堂却实在不应该仅仅被课本所充斥，大学就是大学，大学生就应该有不一样的风采。如果跨出大学校门后我们的回忆中只有理论学习，这不能不说是留给青春的遗憾，这段最美好的年华不应该是暗淡无光而应是丰盈充实的，我们需要的是充实劳碌而不是安逸舒适。青春就应该轰轰烈烈，大学就应该潇潇洒洒，总该为自己喜欢的一切努力尝试下吧。毕竟，青春只有一次啊！

人生如戏，戏如人生。我很平凡，但我赋予笔下的每一个人物不凡的人生，让他们去替我领略不一样的精彩。每个人都是平凡而又特殊的存在，正是因为我们平凡无奇，更要努力让世界都感知到我们的存在。

李欣俞

外国语学院，2014 级，共青团员。专业排名为 10/243。

获奖及评优情况：

共参评优秀学生奖学金 3 次，其中一等奖学金 3 次；

优秀学生 1 次、优秀团干部 2 次；

在外研社杯英语演讲大赛北京理工大学珠海学院赛区中两次获得专业组亚军；

在第六届“澳门商骄”商务英语演讲大赛中两次获得一等奖。

脚踏实地，不断超越

我是来自外国语学院 2014 级商务英语 3 班的李欣俞。2014 年 9 月，我满怀兴奋与憧憬开始了全新的大学生活。3 年来，我一步一个脚印，脚踏实地，不断地超越自我，充实自我。下面我将从学习、工作、实践三个方面来分享我的大学历程。

因为热爱英语，我选择了商务英语专业。我一直将学习摆在生活最重要的位置。我的学习成绩不是最好的，但我一定是最努力的那一个。我每天坚持早起早读，一有空余时间就去图书馆看书复习，虽然我不知道自己努力是否会有成果，但是我一定要求自己做到问心无愧。在 3 次的奖学金评选中，我连续三次获得了一等奖学金，这给予了我不断前进的力量。

除了在课堂中学习，我还专注于在比赛中锻炼自我。一次又一次比赛的历练，让我从中学习到了不同的东西，获得了不同的财富。两次参加外研社杯英语演讲大赛获得专业组亚军的经历让我收获了自信、勇气，让我的紧张、胆怯慢慢消失，转变为享受演讲的每分每秒，享受在舞台上的时刻。参加第六届

“澳门商骄”商务英语演讲大赛更是成为我大学生涯的一个难忘的回忆。当时我和4个小伙伴组成了“Rainmakers”队伍，代表学校参加这个比赛，为此我们一起努力了半年。半年来，我们一路磨合，一路改变，一路相互鼓励，最终获得珠海赛区及总决赛的双冠军。这次的比赛经历让我深刻地体会到了一个团队的力量，感受到了身处一个团队中的幸福以及获得荣誉时的自豪与骄傲。我很感谢这次经历，它为我的大学生涯添上了一笔美丽的色彩。

3年来，在大学里，还有一个对我来说非常重要的部分，那就是我的班级——商英3班。还记得开学第一天，我便自告奋勇地上台竞选团支书一职，并最终以全班最高票数当选。在全班同学的共同努力配合下，在我的主要带领下，我们班级相继获得了“全勤班”“五四红旗先进团支部”及“自治模范班”称号。每每想起我带领班级所获的这些奖项，都感到无比骄傲，因为，这就是团队的力量。我自己也相继获得了校“优秀学生”“优秀团员”“优秀团干”称号。此外，我也正担任2014级党团建级长一职，组织了第一届外国语学院党的知识竞赛并获得了老师的认可。

除了学习、班级工作，我同时也很注重社会实践，我渴望在实践中获取经验。2016年的暑假对我来说是意义非凡的。我参加了韶关市福彩留守儿童夏令营活动，成为一名志愿者，陪伴100多位留守儿童度过了短暂的5天4夜。在这短短的日子里，我细心地照顾着他们，跟他们聊天、谈心、玩游戏，每每看到他们脸上天真的笑容，我都会感到非常的快乐与温暖。我希望自己能够帮助到更多的人。参加志愿者活动的同时，我通过自己的争取，成为韶关市美澳英语培训中心的一位实习生。实习期间，我协助外教维持课堂秩序并进行基本的教学翻译；协助采访中心的美国实习生，并对采访记录进行整理，撰写成新闻稿件，稿件得到了中心负责人的认可。实习过程中，我也得到了各部门同事的鼓励和认可。这段实习历程让我真正体验到了工作的过程，从中获得了宝贵的经验，更重要的是，它让我看清了自己的不足及需要继续努力的方向。

大学生活转眼已经过半了，我心中也一直藏着一个梦想，那就是，能够成为一名光荣的共产党员！两年来，我也在一直为实现这个梦想而奋斗着，现在的我已经成了一名入党发展对象，但我深知自己离成为一名合格党员的标准还有一定距离，因此，我会继续努力，为了自己，为了心中的一个又一个梦想，继续脚踏实地前行。

李秀昊

信息学院，2013 级，共青团员。专业排名为 2/181。

获奖及评优情况：

共参评优秀学生奖学金 5 次，其中特等奖学金 5 次；

2015 年获“安联锐视”创新奖学金；

优秀学生 1 次、优秀团员 1 次；

2015 年全国大学生数学建模竞赛，获广东赛区二等奖；

第二届“安联锐视杯”物联网–智能家居设计大赛，获一等奖；

2015 年数学建模竞赛第六届校内赛，获优胜奖；

参与 2015 年大学生创业创新项目（省级）：汽车胎压监测等创业创新项目 2 项。

我的学术梦

李秀昊，女，1994 年 5 月出生。北京理工大学珠海学院 2013 级通信工程 1 班的学生，曾任信息学院科源团队队长。

进入大学以来，我给自己的大学生活制定了明确的目标，我始终要求自己做事要坚持到底，厚积薄发。还记得大一的时候，当我第一次看到师兄师姐们的各种比赛奖项和科研成果时，我心想，会不会有一天我也可以和他们一样取得一些自豪的成就呢？从那一刻起，我给自己的大学生活制定了初步的目标：学好专业知识、担任学生干部、参加各种比赛和社会实践、拿光大奖学金、考研。并要求自己的学习心态变得更积极，在行动上要坚持到底，厚积薄发。人生就像一次奇妙的旅程，每次转折，看似突兀，但若心怀梦想，精彩就在前方。

北理工，我的学术梦在此启程。

梦想伊始，夯实基础。大一，总是迷茫，找不到方向，却又不甘如此，在跌跌撞撞中，我意识到理论知识的重要性，于是努力学习，不断联系各知识点的相通性，归纳其特点，总结出一套适合自己且高效的学习方法。也正是因为这样，我曾获得 5 次特等奖学金、1 次安联锐视创新奖学金，荣获优秀学生等 4 项荣誉称号。

志存高远，注重实践。大二，更多的是坚持。我加入了科源团队，开始走上我的科研之路。刚开始的学习很苦很枯燥，处处碰壁，但是坚持下来就必有收获。我第一次参赛——“安联锐视杯”物联网–智能家居设计大赛就获得了一等奖，更让我有了坚持的力量。我开始跟着老师做项目。2015 年广东省创业创新项目《汽车胎压监测装置》和 2016 年广东省创业创新项目《一种无线电抄表系统》都成功申请到广东省省级项目，也是这两个项目，让我飞速成长。有了理论基础和实践能力，我要完成自己大一时萌生的“建模梦”。我开始学习相关的数学理论及 MATLAB 应用知识。也正是因为这个“建模梦”，我参加了 MATLAB 信号、图像处理大赛，并且获得了基础组二等奖。从一开始对软件应用的一无所知，到我掌握 MATLAB 在信号、图像处理以及数学建模中的应用，并在全国大学生数学建模大赛中负责软件部分，娴熟地运用 MATLAB 知识进行数据处理、仿真等，这让我们队荣获广东赛区二等奖。我的坚持和努力，填补了自己人生的空白。

服务大家，放飞理想。我是信息学院科源团队的队长，也是班级的“学霸”。在 2015—2016 学年中，团队共获得国家级奖项 3 项、省级奖项 10 项，发表学术论文 4 篇，申请专利 3 项。在学校“最佳团队榜”的活动中，我带领实验室理工男们拿起笔杆子，挺直腰板，以总分第一的优异成绩获得了“最佳团队”的荣誉称号。我实现了团队从人才的“引进来”到“走出去”，给大家讲科源的故事，弘扬科源的科研精神。在班级里，我有着“东方不败”的称号，深受同学的喜爱。每每期末，我会给同学们进行考前辅导，除此之外，我无条件贡献一切学习笔记和各种干货，帮助同学们从只求不挂科到成功拿高分。团队和集体给了我前进的无限动力，我报之以尽心尽责。

天道酬勤，一分耕耘，一分收获。我的努力，我的坚持，铸就了今天不一样的我。回眸自己一路的成长，还记得每一阶段小小梦想的实现带来的悸动。我并没有因为自己的小小成绩就沾沾自喜，并不满足于现有的这一切。我的学术梦还很远，我的学术路还很长，我选择考研来延续我的学术梦，继续走我的学术路。我坚持着，努力着，奋斗着。因为我相信，有梦就有希望，坚持就会成功，我的学术梦才刚刚开始，没有落幕，也不会落幕。

廖子砮

外国语学院，2013级，共青团员。专业排名为1/334。

获奖及评优情况：

共参评优秀学生奖学金5次，其中特等奖学金3次、一等奖学金2次；

2016年全国商业精英挑战赛国际贸易竞赛一等奖；

荣获2014年广东省本科高校英语写作大赛一等奖等省级奖项3项；

在第六届“澳门商骄”英语演讲大赛珠海赛区及港珠澳赛区中两次获得一等奖；

荣获2014年北京理工大学珠海学院第九届外语短剧大赛一等奖等校级奖项3项。

我的平凡之路

我是沐浴着党的阳光、伴随着祖国的改革开放而成长起来的。我的母亲是一名温柔和蔼的家庭主妇，父亲是一兢兢业业的创业者。在这样的家庭中长大，从小时候起，母亲谦虚严谨、细致谨慎的生活态度，父亲刻苦好学、兢兢业业的工作作风就深深地感染着我、教育着我。2001年9月我进入了深圳市石岩公学就读，从此开始了我在这所学校15年的学习生涯。

小学的时候，我保持一贯勤奋刻苦的作风，因此名列前茅，并且我被同学们选举为班级班干部，这锻炼了我管理、组织以及策划的能力。此外，因为出色的体育成绩，我被选入了小学的校田径队，我曾代表学校参加深圳市宝安区的中小学生田径运动会，获得优异的成绩；初中的时候，我被评选为优秀团员，继续我勤奋的学习；高中的时候，因为优秀的领导能力，我被深圳市教育局评选为深圳市优秀学生干部。

在高中结束之后，我考进了现在所在的大学。进入这所大学之后，我很荣幸地被选为班级学习委员，就这样我开始了大学的征程。自入学以来，我取得了综合排名以及专业排名年级第一的成绩。共参评优秀学生奖学金5次，其中特等奖学金3次、一等奖学金2次。并且荣获过3次校“优秀团员”、2次校“优秀学生”称号和1次校“最佳学术奖”。

至于竞赛方面，我也常参加各种比赛和活动，在英语写作、阅读、演讲、商务洽谈及翻译大赛中分别荣获过1次国家级奖项、4次省级奖项、1次市级奖项及多次院校级奖项及荣誉。在竞赛赛场上，我曾孤军奋战过，也曾与队友们奋勇拼搏过。印象最深的莫过于两次团队合作的比赛："澳门商骄"以及全国商业精英挑战赛国际贸易竞赛。在“澳门商骄”比赛中，无论老师，还是我的队友都付出了莫大的努力，由准备到决赛共耗时半年，每个礼拜都要改稿子，改PPT，做presentation，由最初的不被看好，到最后取得一等奖，这些都见证了我们共同的奋斗；全国商业精英挑战赛，我当时是受到了商学院的同学邀请而参加的比赛，起初我很害怕，因为我从来没有接触过商务方面的知识，所以我心里一点底都没有，但经过艰苦的训练，最后我们凭借成功的英语磋商，拿下了我们学校派出的5支队伍当中唯一的一支全国一等奖。

我想，我一直很平凡，但是只要努力奋斗，再小的梦想也终会实现。并且，在我们努力奋斗的过程中，无论取得怎样的成绩，都不要忘了在你奋斗路上为你提供了机会的母校，为你铺平道路的老师，陪你作战的队友，以及与你一决高下值得尊重的对手。常怀一颗恬淡感激的心，将助你在人生的波澜起伏中，走得愈发自信坚定。

刘宪奇

设计与艺术学院，2013级，共青团员。专业排名为1/68。

获奖及评优情况：

共参评优秀学生奖学金5次，其中特等奖学金4次，二等奖学金1次；

国家励志奖学金1次；

优秀学生2次、优秀团员2次；

2014年《写生考察》获二等奖；

2015年获核心价值观主题海报三等奖。

雄关漫道真如铁，而今迈步从头越

我叫刘宪奇，是来自2013级产品设计专业的一名学生。人生就像一次奇妙的旅程，每次精彩的转折，看似突兀，但如果怀着自信和梦想坚定地走下去，精彩就在前方。在北理珠海学院，我意识到自己的梦想将从这里启程。

学习是一种积累，它帮助我沉淀出精彩的人生。作为学生，我始终把学习放在首位。共获得特等奖学金4次、二等奖学金1次、“优秀团干”称号2次，“优秀学生干部”称号2次。

学习是一个不断攀爬的过程，作为设计类的学生，不仅要有扎实的专业知识，还必须学会合作。大学期间，我获得《写生考察》二等奖、核心价值观主题海报三等奖、产学研手信企业项目设计一等奖、国家励志奖学金、优秀学生、优秀团干部奖项等。同时，我积极参加各类设计比赛，和同学组队，参加IF、红点、市长杯、省长杯等设计比赛。为了更好地完善自己，我还积极参加各项培训，如学生骨干培训、珠海市技术创新方法培训，并获得国际商业美术设计师资格证，这使我距成为一名职业设计师更近了一步。

学习之余，我还积极参加学校组织的各项活动，曾经作为组织部干事的我积极向党看齐，严格要求自己。在班级身为学习委员的我积极帮助同学，为同学答疑解惑。我积极组织班级聚会等活动，与班级同学和睦相处，并任职校学生会宣传部干事、设计协会部长。大三期间，为了充实自己的大学生活，我又兼修了漆艺和环艺专业，虽然是不同的专业，但在学习的过程中我发现它们之间是息息相通的，就像我们的人生一样，每一次的选择都会潜移默化地影响我们将来的生活，只有量变不断地提升，才能迎来质的改变。

在平时的生活中，作为一名在校大学生，不断学习实践依然是现阶段的主导方向，是个人发挥先进性的充分条件。为了能尽快更好地融入社会，我积极参加社会实践，曾担任金鼎一小美术老师，在此期间我学到了很多在校园内所学不到的东西；我还参与了学院与晋江的合作项目，这也是我首次参与跨省企业的合作项目。在此期间，我的眼界更加开阔了，更加了解与其他企业谈合作时所应具备的条件，知道了如何更好地完善自我。对于自己选择的专业，我有很大的兴趣和热情。在专业学习上，我不仅注重理论知识的吸取，更关注社会实践的变化，并与老师们热情地讨论和学习，没有荒废大学宝贵的光阴，专业水平有了很大提升。

当然，我知道，获得各项殊荣并不意味着我可以停滞不前。“雄关漫道真如铁，而今迈步从头越”。不管曾经取得什么样的荣誉和成绩，那只能代表过去。掌声终会消逝，奋斗的脚步还要继续。因此，我在2016年6月份的时候申请入驻科技园孵化基地，并创立了属于自己的设计公司——凯奇设计有限公司，这是我即将步入社会的第一步，虽然知道创业的道路是艰难的，是充满挫折和艰辛的，但我相信，只要坚持下去，前方的道路会更加的精彩。

梦想的高度决定了生命的价值。在我探索求知的旅程中，是家人、老师和朋友的鼓励伴我前行。每一项荣誉，都是一份沉甸甸的责任。为了让我们的青春拥有更绚丽的色彩，我要用自信、坚强和执着在前进的道路上追求更多的成功，在人生奋斗的舞台上奏出更加华美的乐章。

齐晓乔

材料与环境学院，2013级，中共预备党员。专业排名为2/89。

获奖及评优情况：

共参评优秀学生奖学金5次，其中特等奖学金2次、一等奖学金3次；

国家励志奖学金2次；

优秀学生3次、优秀团员2次。

“青年与国家——先锋故事汇”比赛作品二等奖；

2014年中国扶贫基金会“善行100”三星级志愿者。

励志自强，崇实尚能

本人齐晓乔，女，汉族，于1993年9月21日出生于江西省上饶市余干县的一个普通家庭，现为中共预备党员，本科在学，就读于北京理工大学珠海学院生物工程专业，担任班长职务。

我有一个很温馨的家，爷爷是一名中国共产党党员，奶奶和父母是普通群众。在我7岁的时候父母亲由农民转为工人，在外打工挣钱养家，非常辛苦。我和弟弟、妹妹由爷爷奶奶带大。爷爷是普通农民，小学一年级没读完就种田了，但他有思想、勤奋好学、有责任心，最后成为备受村民爱戴的村党支部书记，爷爷退休多年，但他正直、清廉的形象一直留在村民心中。爷爷谦虚严谨、细致谨慎、乐观积极的作风从小就深深感染着我。他教导我要刻苦学习，坚持不懈，不断追求进步，胜不骄，败不馁；教我如何为人处世，告诉我要谦卑、有责任心，要认真学习中国传统文化、礼仪。奶奶是传统女性，温柔体贴，照顾我的生活。

2000年9月我在村里的镇尾小学读书，从此开始了我的学习生涯。我一直牢记爷爷的教导，只有学习更多的知识文化，吃苦耐劳，才能更好地提高自己，更好地为祖国做贡献。我向往红领巾，敬佩曾经用鲜血染红红领巾的革命先烈。我在学习上努力刻苦，争当先进；踊跃参加各种活动，勇敢坚强，光荣加入中国少年先锋队。小学阶段我连续 5 年担任班长、学习委员，连续 6 年被评为三好学生。通过努力，我收获了快乐的童年和丰厚的知识，为后续初中生活夯实了基础。

2006 年 9 月进入镇中心的古埠中学念初中，我第一次离开家的怀抱，从此开始了我的走读生活。在这个陌生的环境中，我又开始了奋斗，把对家、对亲人的思念化成学习的动力。因为喜欢英语，开学初期我自荐担任英语学习委员，辅助老师的工作。初一的第二个学期我盼来了期待已久的入团宣誓，光荣加入中国共产主义青年团，通过学习，我加强了对党的认识。我告诫自己要时刻督促自己继续努力，戒骄戒躁，积极向党组织靠拢。

初一我在班里名列前茅，家里决定让我去学习环境更好的学校，2007 年 9 月我转学到县城的公立学校余干二中念初二，又是一个陌生而且离家更远的地方，我寄宿在别人家里，但我很快地融入新的班集体中，乐于与同学共处。第一次月考成绩全班第一，这让我成为老师、同学心目中的黑马，我很开心自己的付出有所回报。接下来的初中生活，我担任副班长职务，除了解决班内事务以外，每天晚上学习到 12 点才休息，早上 6 点起床晨跑，中午只小憩五分钟，这样的生活充实美好。同时，学习成绩在班里一直是第一名，与同学相处融洽。

16 岁的我是一个充满热情、求知欲强、永远不知疲倦、事事争先和对未来有着各种憧憬和希望的人。感谢我的启蒙老师——爷爷对我的教导，让我一直秉承信念，坚持不懈，累了就歇一歇，但决不放弃，胜不骄败不馁。多年的学习生活让我明白，成功是留给有准备的人的，要想有所得，必须通过自己的努力换取。2009 年 9 月我以优异的成绩进入重点中学新时代学校就读，并减免了学杂费。高中所学科目增多，难度增大，也有来自外界形形色色的诱惑，我把它当作是修行——学习、修心，获取知识的同时抵制诱惑，抗住压力。高中三年，尤其是高三，收获满满，每天奋战在题海中，争分夺秒只为追逐梦想中的大学生活、成就更好的自己，义无反顾地向前冲，不断地提高，突破自我。2012 年 6 月的高考，我并未因为没考上理想的学校而停止努力，而是毅然选择复读的道路，前往蓝天实验学校补习一年，不忘初心，坚持不懈。

2013 年 9 月，我终于被北京理工大学珠海学院生物工程专业录取。我把校训“德以明理，学以精工”牢记于心，更加注重提高自身修养，一直争取在各方面以党员的标准要求自己，鞭策自己，对学习和工作精益求精，无论在思想、理论，还是行动上，都有了很大提高。思想上，我积极向党组织靠拢。自递交入党申请书到成为预备党员，我一直严于律己，认真学习马克思列宁主义、毛泽东思想、邓小平理论和“三个代表”重要思想，积极参加党组织的活动，正确行使党章规定的权利，认真履行党员义务。

工作上，作为社团干事，我努力熟悉社团工作，积极参加社团活动。作为班主任助理和本班级班长，始终将同学们的思想教育工作放在首位，积极调动同学们学习和参加活动的积极性，组织各项有利于同学们发展及促进班级团结、增强凝聚力的活动。学习上，我努力保持严谨的学习态度，协调好学习与工作的关系，努力夯实专业理论基础，积极投入实验实践的探究中。我曾获国家励志奖学金 2 次、特等奖学金 2 次、一等奖学金 3 次，获得 3 次“校级优秀学生”、2 次“校级优秀团员”以及院级“优秀学生”荣誉称号；此外，还获得“青年与国家——先锋故事汇”比赛二等奖、校运会女子 1 500 米第二名、院运动会女子1 500 米第二名等。在学有余力时，我积极参加义工活动。义工时数累计达 247 小时，曾获得中国扶贫基金会善行 100 活动“三星级志愿者”荣誉称号。

另外，我对科研有着非常浓厚的兴趣，曾参加老师的“利用烟草毛状根培养生产辅酶 Q10 的研究”基金项目，担任省级创新实验项目“降解有机磷的复合菌研究”负责人之一，积极投入科研工作中学习，培养从事科研工作的能力。2016 年 7 月，我有幸参加生命科学联合中心暑期培训班，受益匪浅，接触到了高端的专业知识技能，更加坚定了我对生物工程科研方向的不懈追求。

史晓裕

信息学院，2013级，共青团员。专业排名为2/181。

获奖及评优情况：

共参评优秀学生奖学金5次，其中特等奖学金3次、一等奖学金2次；

荣获2015年美国大学生数学建模竞赛（MCM）二等奖、第五届全国大学生光电设计竞赛校内选拔赛一等奖等国家级奖项3项；

获得实用新型专利“一种输液报警器”等学术研究及专利4项；

荣获2015年广东省大学生“挑战杯”校内选拔赛二等奖等省级奖项2项；

荣获2015年首届电子设计创意大赛一等奖等校级奖项3项。

我的两次飞跃

2013年高考前我面临了人生的一次重大抉择。由于高中就读的学校是全国13所具有外语类保送资格的学校，我成功获得了上海理工大学英语系的保送资格。但是因为不是我喜欢的专业，在再三犹豫下，我放弃了这一资格。但是后来的高考并没有考到我理想的学校，以班里唯一一个没上重点本科线的成绩来到了北京理工大学珠海学院，我一度自暴自弃，并后悔当初的决定。但是，在我来到大学以后发现这里有很开放的氛围，一次次的经历刷新了我的认知水平，也让我收获了之前意想不到的种种惊喜。

最近在复习考研，刚好学习到马克思主义的认识论，它告诉我们人的认识过程有两次飞跃，第一次飞跃是从感性认识到理性认识的飞跃，第二次飞跃是从理性认识到实践的飞跃。我大学里也经历了两次这样的飞跃。

初到大学，我在学生会里认识了很多优秀的师兄，其中学习部的部长黄柯霖师兄对我的影响最大。他一直给我们灌输课业学习的重要性，教我们如何去过充实的大学生活。所以，我从大一起就保持了良好的学习习惯，除非特殊情况，我几乎每天都会去图书馆。我一直在不断努力超越自己，目前一共获得 3 次特等奖学金、2 次一等奖学金，通过了英语六级考试、计算机三级考试和高级绘图员考试。如果问我大学以来做过最疯狂的事，便是曾在一学期获得了 4.6 的平均绩点。在去年，也有幸登榜校园十榜“博学多才”榜。这一切无疑是从初入大学校园时对读大学的感性认识到了理性认识的飞跃。

大一下学期，我加入了一个科研团队，在这里我渐渐收获了大学里的第二次飞跃，从理性认识到实践的飞跃。所谓“纸上得来终觉浅，绝知此事要躬行”。我积极地参加到科研竞赛中去，作为团队主要成员，我参加的省级大学生创新创业项目“输液报警器”已经顺利结题，成功获得国家实用新型专利，并在国家级期刊《医疗设备》发表了论文。另外作为大学生“挑战杯”国家级项目“四轴飞行器”的项目成员，也成功答辩结题。在学科竞赛方面，一共获得 13 项学科竞赛奖项，包括国际级和省级奖项共 3 项，校级奖项 10 项。其中主要有美国大学生数学建模竞赛二等奖、全国数学建模省级二等奖、广东省大学生“挑战杯”三等奖。

说了这么多大学里获得的成果，都看似轻描淡写，但拼搏的过程往往更让人动容。别人并不知道你获得 4.6 的绩点需要付出多少努力，是每一堂课都坐在前两排认真做笔记的结果，是每晚都认真巩固总结的结果，是每门考试时都发挥到极致的结果。其实大学里收获的每一项成果背后肯定都会有一个故事，有时是艰辛的，有时是喜悦的，也有时是煎熬的。

我希望能在科研的这条道路上一直走下去，将来成为像我的老师张连波教授那样的人。他是一个在华为有十多年从业经历的员工，曾参与网络协议的制定，学术造诣颇高。他现在即使是在大学任教，我也几乎每天能见到他在实验室兢兢业业、刻苦钻研的身影。所以张老师是我的榜样，我现在唯一能找到的接近榜样的途径就是先考上理想的研究所。所以我大三这一年除了上课，就是一直待在自习室备考。大学前两年给我带来的成果并没有让我盲目相信未来有多光明，相反我更加意识到了不同高度的平台决定不同的未来，所以我现在很羡慕研究生的那个平台，最后再一步步接近我大一立下的那个愿景，即毕业后进入华为当一名通信技术工程师，希望这个领域将来会因为有我的存在而变得有一点不同。

田然

数理与土木工程学院，2013 级，共青团员。专业排名为 1/93。

获奖及评优情况：

共参评优秀学生奖学金 5 次，其中特等奖学金 4 次、一等奖学金 1 次；

国家奖学金 1 次；

优秀学生 1 次、优秀团员 1 次；

2016 年美国大学生数学建模竞赛二等奖。

遇见最好的自己

来到北京理工大学珠海学院已经整整三年，值得庆幸的是我的大学生活由于自己的勤奋和坚持，使我在人生中最美好的年华里，走在遇见最好的自己的路上。

冰心先生曾说：“成功的花，人们只惊慕她现时的明艳！然而当初她的芽儿，浸透了奋斗的泪泉，洒遍了牺牲的血雨。”记忆中最深刻的一次考试是刚入学不久后，数学分析课程的第一次课堂小测，纵使过了两年多，我还能清晰地记得那次考试中我只考了 47 分，那是每堂课认真听课做笔记并且课后花大量时间温习的结果！这个结果让我开始有点怀疑自己，我的付出和收获为什么不成正比呢？是不是真的是我不行？是不是我真的学不会数学？在那次考试后诸如此类的疑问都曾在我脑海里盘旋过，甚至在之后的很长一段时间内我都不想再如之前那般勤奋刻苦地学这门课了，但所幸由于老师的不断鼓励最终我还是咬牙坚持了下来。在期末考完数学分析的那晚，我接到了数学分析授课老师林老师的电话，她有点俏皮地让我猜猜自己考了多少分？当我说出自己的猜想后，林老师告诉我考了满分，我想这个分数是对我在那次堂测后依旧坚持认真听课、做笔记最好的表彰。那个 47 分是大学给我的

第一课，让我明白了短时间的努力付出未必会有什么回报，但是这并不意味着我可以松懈或者放弃。直到现在每每遇到学习生活上的困难，我都会想起曾经的这个经历，然后暗自鼓励自己：当初那么难都坚持下来了，这次也一定可以找到解决的办法！是啊，也许许多我身边的同学只记住了我期末考了满分，但几乎不会有人记得我曾经在班级的倒数名次徘徊；也许许多我身边的同学会惊羡于我一次次的竞赛获奖，但几乎很少有人知道奖状背后我所付出的努力。

大学中让我记忆最深刻的一句话来自一位体育老师，她说："如果不锻炼，人的一生中体质走下坡的开始，正是大学这个时期。"让我牢牢记住这句话的原因已经很模糊了，但我所付出的行动却仍历历在目！由于老师的那句话我开始立下坚持跑步的决心，用这样的方式来对抗体质的下滑，那时候的我还很胖，记得第一晚，还没跑到200米整个人就已经喘得上气不接下气，心里默默下定决心要坚持跑完一圈，就这样我慢慢地坚持了下来。直到现在跑步不仅帮我成功地减掉了一身的赘肉、增强了我的体魄，更磨砺了我的意志。而这所有的一切都不是一蹴而就的，是在一天又一天的循环往复中慢慢积累起来的，随着我能坚持跑完的公里数不断上升，从前那个做事碰到一点挫折就想着放弃和急功近利的我也渐渐消失了。除此之外，长跑是一项很单调枯燥的运动，操场上一圈又一圈的重复，动作亦是简单的手脚配合。而正是这简单枯燥的运动给我创造了一部分属于自己的宁静。在完成一天的课业后，我极其享受每天在操场不断重复单调动作的这段时间，它可以让我不断地挑战自己的极限，或者是边跑边思索些问题。跑步改变了我，使我在面对每份来自生活或学业的挑战的时候多了份自信，每次遇到难题的时候我脑海里都会浮现出第一次跑完步后快要"窒息"的感觉，并在心中暗暗鼓励自己：还有比坚持跑步更难的事吗？

我想我所叙述的这两件事最终都可以用一个词来概括——坚持。这是一个几乎挂在每一个人嘴边的词，是一个简单易懂的词，它出现在我们生活的每个角落，它可以套用在我们生活中的每一件事上。但是做到它却又是极难的，首先你要克服掉自身的懒惰，其次要摆脱生活中许许多多的诱惑，最后还要战胜外在因素给你带来的种种动摇。但是我想只要把它尽善尽美地做好，再辅之以认真细心和勤奋，最终我一定能遇见最好的自己！

温晓媚

外国语学院，2013 级，共青团员，学习委员。专业排名为 2/334。

获奖及评优情况：

共参评优秀学生奖学金 5 次，其中特等奖学金 2 次、一等奖学金 3 次；

优秀学生、优秀团员；

荣获 2013 年“新生杯”英语演讲比赛专业组一等奖和“最佳语音奖”等校级奖项 4 项。

我的大学生活

2013 年 9 月，我踏入北京理工大学珠海学院，从此开启了大学生活。喜欢英语的我入学以来，一直勤勤恳恳地学习，用一个词来形容，那就是“认真”。我也会积极参加各项学术活动或比赛，并取得了一定的成绩。不管我的获奖经历是比别人精彩，抑或是稍微逊色，这都没关系，因为这些奖项都是我自己通过努力而获得的，有什么比这还要高兴的呢？

除了学习英语，我还修读会计与金融学院的会计学双学位并顺利毕业。虽然说没有学得特别精，但是我觉得还是有所收获的，特别是在财务分析课上。我或许已经忘记了部分会计知识，但是我仍然相信将来某一天当我重新“遇到”某一个会计概念的时候，我不需要经过他人费力解释就能明白。

说完学习，让我说说我的另外一番经历——志愿者经历。大一的时候，我担任了一学期的外国语学院图书馆值班员。值班员的特质就是要守时、做事仔细，而我两点都有了。在这一学期的值班工作中，我从没犯过错。大二的时候，我参加了“第四届澳门国际教育博览会”并担任外勤组志愿者，负责给行人分派教育博览会的宣传资料。大三的时候，我参加了学院组织的特殊儿童义教活动，到珠海市特殊儿童学校教英语。这项志愿者活动我是最有感触也最有成就感的。每一个孩子都非常的可爱与单纯，虽然他们比正常的小孩子多了一点“不同”，却同样拥有一颗热爱学习的心。我们是以一个团队的身份去与孩子们进行“一对一”的教学的，我们是义教老师，也是朋友；我们会教授他们知识（主要是英语单词），也会和他们聊天。

时间真的过得很快，如今的我已经是一名“老师姐”了。说实话，我觉得大学四年就是一个在不断探索人生目标的过程。

大一的时候，懵懵懂懂，对于将来要从事什么工作我是完全没有头绪，就想着要好好学习，拿奖学金。

大二的时候，我开始有了人生目标——当会计师。如果能在“四大”那里工作那就更好了，所以我修读了会计双学位。但是，我后来还是发现自己更加适合学习英语，因为真的学不精，而且有些知识真的是需要我们有会计思维，而我，很不幸地，还没有培养出那种思维。所以，我的人生目标又变了。

大三的时候，我又有了自己的人生目标——当一名翻译。首先，我是因为喜欢翻译才选择了翻译方向，而且我觉得我自己有作为一名翻译的特质——有一定的英语基础，而且愿意学习和积累。但是，我发现我有了更想要做的事情了——当一名教师。

为什么？一切都要从我大三暑假时在珠海市美国英语专修学校（TPR）担任兼职拼读老师这件事说起，我从来不知道我可以在教学这份工作上获得如此大的快乐。我教授的对象是小学生，有两个不同层级的。一个是提高级别的，一个是入门级别的。说实话，我觉得自己跟提高级别的学生（小学六年级）距离更近，我心想是否日后我当上老师的话会比较适合教年级稍微大一点的学生呢？我在课堂上发现了能把自己的知识传授给学生们真的是一件非常有成就感的事情，我不要求他们一定要学得特别好，但是我非常想要他们学到些什么，至少在我教的这一门课上。每一节课的时间——两个小时，我都觉得过得特别的快，因为在与学生们相处的过程中真的很快乐。因此，我确立了自己的人生目标。

到了大四，一方面，我为了让自己拥有一些翻译的实战经历，担任了计算机学院国际班心理学课程的翻译；另一方面，我仍然为成为一名教师而努力——保持绩点，准备好论文、雅思和专八等考试，为接下来考研究生做准备。

我明白，大学期间要认真学习；奖学金也许不重要，但它却会是成为判断学习能力高低与否的证明。还有，大学期间要多做自己想要做且喜欢的事情(当然，你得遵守规章制度)，因为你永远不会知道你能从这些事情当中收获些什么，也许它们会指引你的人生目标也说不定。今后，我也仍然会不断努力，并坚持做自己喜欢的事。

奚维立

信息学院，2013级，共青团员。专业排名为2/25。

获奖及评优情况：

共参评优秀学生奖学金5次，其中一等奖学金4次，二等奖学金1次；

国家励志奖学金1次；

2014年，荣获广东省大学生电子设计竞赛二等奖等省级奖项4项；

2014—2015学年，获得广东省攀登计划重点项目，资助6万元，占学校总资助1/4，并开展其他课题研究6项；

2015—2016学年获得“安联锐视”学生创新资金项目；

2015年，荣获第四届校园学术科技节之第二届科技创新展一等奖等校级奖项5项。

不遗憾的大学

刚上大学，对所有的新鲜事物都充满好奇，把上大学的初衷都抛之脑后。浑浑噩噩地过完大一第一学期，才慢慢醒悟思考自己的大学生活，我为之奋斗的初衷是什么？我想让自己的大学过得充实，有意义，我想有一个不留遗憾的大学。

知止而后又定，知道自己的目标，才能坚定自己的志向。大一第二学期，我加入三能创新实践团队，从此，便开始了自己的科研创新之路，也开始有了自己的目标。大一暑假，我留校参加2014年广东省电子设计大赛，在实验室刻苦钻研，和队友一起通宵熬夜，通过我们的努力获得了二等奖。由此，我也渐渐地迷上了这种充实而有意义的生活。

“宝剑锋从磨砺出，梅花香自苦寒来。”大二期间，我利用课余时间专心地创新实践，获得第六届蓝桥杯全国软件和信息技术专业人才大赛广东赛区二等奖；第十届全国大学生“飞思卡尔”杯智能车竞赛华南赛区二等奖；第十四届“挑战杯”全国大学生课外学术科技作品竞赛广东赛区三等奖等省级奖项。最值得一提的是，在2月期间，我的项目“基于STM32老人摔倒及其生理检测”与同校十多余项目竞争申请广东省大学生专项资金项目（攀登计划），最终过五关斩六将被评为重点项目，资助6万元，占学校总资助的1/4，在项目结题后论文《基于STM32老人摔倒及其生理检测系统设计》发表于国家级刊物并获得了实用新型专利：一种多功能的电子监护仪。同时，电子监护仪获得大学生创新创业省级项目，并顺利结题。2016年“儿童管家”项目被列入广东省攀登计划。

在大学的时光中，虽然我把很多时间都花在了科研项目上，但是我从未放弃过专业学习，理论知识是我科研之路的基础。我学习成绩优异，曾获得国家励志奖学金、一等奖学金和二等奖学金。

滴水之恩当涌泉相报，团队给我提供了科研的平台，师兄传授我技术，我也将技术传承下去。在团队中，作为团队的部长，我开培训辅导班，将自己所会的技术教会师弟，并带领师弟参加比赛，申报科研项目。在教会别人的同时不断地学习进步。

在比赛和项目中能学习到的东西有很多：团队的合作、技术的成熟，等等。慢慢地我开始规划自己的未来，我来到了创业工场珠海世景科技有限公司，开始研发无人机和云台。在不断地学习和努力之下，我研发出了自己的无人机，在实习面试中得到了认可。总结我的大学时光，我实现了我读大学的初衷，我的大学没有遗憾。

许宝凤

外国语学院，2013级，中共预备党员，团支书。专业排名为3/66。

获奖及评优情况：

共参评优秀学生奖学金5次，其中特等奖学金1次、二等奖学金3次、三等奖学金1次；

国家励志奖学金2次；

2014年荣获大学生文化艺术节之第五届“诗词歌赋”文学创作大赛三等奖等校级奖项5项；

2016年，荣获第五届广东省大学生写作竞赛（本科组）三等奖等省级奖项2项；

首届“迷彩造衣”军服创意搭配改造大赛优秀奖。

我的生命因青春更精彩

我是外国语学院汉语国际教育专业的一名大四学生，大学生活即将结束，在这近四年的大学生活中，我不断地挑战自我，充实自我，从年少的青涩逐渐走向了成熟。前行中汗水洒过的道路，都成为我将来实现人生价值的坚实基础，也鞭笞着我不断跋涉，不断向更高的目标前进。

以学习丰富自己，完善自身知识结构体系

从踏入校园起，我便深知作为一名大学生，学习是天职。在专业课程的学习上，我坚信只有以一丝不苟的态度来对待它，以勤奋和踏实的行动来适应它，才能真正掌握知识，取得理想的成绩。因此，虽然担任学生社团干部以及班级学生干部需要占用大量的时间，但是我并没有因此而放松学习。在学习方面我

一直以严格的标准来要求自己，注重培养良好的学习习惯，养成勤于思考、善于思考、独立思考的能力，进而找到适合自己的学习方法，提高学习效率。在整个学习过程中，我不仅学好各门专业课和公共基础课，也努力通过课外阅读、网络等其他途径丰富自己的知识面，提高自身文化素养，如学习了基础韩语、日语、书法、剪纸、中国结等才艺，努力建立完善的知识结构体系，刻苦钻研，力求学以致用。

通过持续不断的学习，我的成绩一直保持在专业前列，在大学期间，我曾获得“优秀学生特等奖学金”1 次、“优秀学生二等奖学金”3 次和“优秀学生三等奖学金”1 次，还获得“优秀学生”“优秀学生干部”各 1 次，“优秀团干部”4 次等荣誉称号，同时还 2 次获得国家励志奖学金。

以理论武装头脑，树立全心全意为人民服务的观念

一个人在思想上的提高是非常重要的，只有树立了正确的人生观、价值观和世界观，我们才能制定正确的人生道路，树立正确的人生目标。因此，2013 年我一进入大学就积极向党组织递交了入党申请书，参加了党校培训，并顺利通过结业考试。在 2015 年 11 月 11 日，我光荣地成为一名中共预备党员。

在平时，我也十分注重自己思想政治素养的提高，除了学习有关党的各种理论知识，关注国家大事，还积极与老师及先进的学生党员进行思想上的交流。在日常生活中，时刻注意以一个党员的标准来严格要求自己。我深知自己在接下来的生活学习中将面临更加严峻的考验，自身仍有许多不足之处需要加以改进，需要以更高的标准来要求自己，真正树立起全心全意为人民服务的观念。

以勤恳服务同学，承担学生干部应尽的职责和义务

雷锋曾说过：一滴水只有放进大海才永远不会干涸，一个人只有当他把自己和集体事业融合在一起的时候才最有力量。从大一以来，我一直担任学生干部，无论是班级的团支书，还是京涛海纳新闻中心的部长，我都始终坚持以勤恳的态度来对待工作，以微笑迎接挑战，以能力获取认同。在担任班级团支书期间，我全心全意为班级同学服务，积极组织团籍登记、团费收缴、学生入党申请等工作，以及大大小小主题班会等活动，切实为同学们服务。

在担任京涛海纳新闻中心的部长期间，能够积极协助老师和总监完成新闻撰稿任务，积极挖掘校内新闻热点，为全校师生传达最新校内资讯，曾参与2014级的迎新工作，协助北京理工大学珠海学院的迎新宣传报道工作，任职新闻中心期间曾发稿达50余篇，其中很多发往外媒。在大一第二学期，我有幸加入2013级军训记者团，负责为期半个月的新闻撰写工作。在记者团期间，我与其他20多位记者团成员相互学习，互相帮助，齐心协力完成了指导老师发布的每一项任务。

担任学生干部期间，在服务同学们的同时，我也注重培养自己统筹安排和组织管理的能力，社交能力和交流技巧也得到了极大的提高，并且积累了大量的工作和实践经验，这些都成为我终身受益的宝贵财富。

以兴趣提高素养，培养个人情操和综合素质

多彩的社团活动是丰富课余生活必不可少的调味品，也是提高个人综合素质的有效途径。作为汉语国际教育专业的一名学生，进入大学后，我便被具有国际视野的专业特色所深深吸引，为能够更加细致地了解汉语国际教育，我积极参加相关活动及比赛，如曾两次作为“汉语志愿者”陪同美国布莱恩特大学50多名师生在我校访问交流，曾作为“两岸文化一家亲活动”的才艺志愿者为来自台湾的近70名大学生做中华才艺指导，曾参加文法学院第四届对外汉语教学实践大赛并获得一等奖，曾于2014年12月20日参加由华发街道办主办、爱华对外汉语培训学校承办的面向珠海市的大型公益活动“圣诞嘉年华”，主要负责外籍表演嘉宾的接待工作。曾参加第四届、第五届广东省大学生写作竞赛（本科组）均获得三等奖，同时还是第五届广东省大学生写作竞赛的组织负责人，全面策划学生的出行及联系工作，获得老师和同学们的一致认可。

外国语学院是一个语言氛围浓厚且注重实践的学院，在这样的环境下，我逐渐利用我的专业优势，并辅之英语，将专业理论知识运用到实践中去，如我在2015年9月至12月期间担任“国际汉语教师”教我校布莱恩特学院的美籍教师学习汉语和中国文化，获得美籍教师们的一致喜爱与称赞，在2016年5—6月期间作为金鼎一小四年级的实习班主任和语文老师，获得校方和老师的一致认可。另外我积极参加社会实践活动，它们既培养了我的综合素质，又提高了我分析处理问题的能力。

课外，我积极参加勤工俭学及公益活动，通过兼职家庭教师，不但可以赚取生活费减轻家庭负担，还可以积累教学经验和提升综合素质，在校获得公益积分卡达 25 个。

玉经琢才成器，正是党的教育政策给了我这样一个好的环境，让我可以用我的努力和坚持来丰富自己的大学生活，让我用激情和热情使自己的大学生活多姿多彩，让我能够不断地提升自己、雕琢自己，最终一步步实现自己的梦想。在继续前行的过程中，可能充满各种挑战和荆棘、坎坷和挫折，但是有了老师和同学的鼓励和支持，我将以加倍的信心和万分的努力去勇敢地面对挑战，戒骄戒躁，用辛勤的汗水和默默的耕耘去谱写更为美好的明天！

叶云

材料与环境学院，2013 级，共青团员。专业排名为 1/87。

获奖及评优情况：

共参评优秀学生奖学金 5 次，其中特等奖学金 2 次，一等奖学金 2 次，三等奖学金 1 次；

优秀学生 1 次；

台湾朝阳科技大学英语朗读竞赛第一名；

2013—2014 学年校自强之星“优秀奖”。

2014—2015 学年校“优秀学生”。

我只成为自己的王

本人 1994 年 3 月 20 日出生在广东省湛江市一个工薪家庭，家里有爸爸妈妈和我。虽然家里没有提供很富裕的条件，可是我从小就在满满的爱的包围下成长。内心的富足使我形成温和而富有活力的性格，我一直相信命运不会亏待热爱生命的人。

由于家里人的影响，我从小就对学习很上心，小学和初中成绩都在年级前十，顺利考入重点高中，高考后便来到北理工开始了我的大学生活。

努力是种习惯

在上大学之前，我就下决心要摘下专业成绩的桂冠。事实证明，我做到了，总绩点专业第一。在过去的三年中，我刻苦学习，努力务实，抓紧分分秒秒努力学习专业知识，有时还会旁听别的专业的课。学习这件事，我转眼就坚持了快四年。我看过早上六点钟的北理，当别人在熟睡的时候，我起床读英语；当别人在看电视剧的时候，我在图书馆看书。在大二下学期我就顺利通过英语四六级，这在化工专业中能做到的少之又少。

不仅是卷面成绩优秀，实验课、上机课及课程设计等，我的成绩也多为优秀，有很强的动手能力。

大海不择细流，故能成其深；泰山不让寸土，故能就其高。成功者都是不断地为了自己的使命努力着，为了自己的理想奋斗着，而我们的使命是提高学习能力，奉献社会。有人看不起所谓学霸，可是我觉得，褪去学霸的光环，剩下的学习能力才是人最强的实力。

正面拥抱社会

作为祖国的新鲜血液，我觉得自己有使命为这个社会带去正能量和温暖，所以我一进入学校就积极加入青年义工协会，每个周末都会去市区的养老院、图书馆或者自闭儿童所。一年多的义工生活后，我拿到了香洲义工领队证，能带队做义工。

社团活动活跃

除了北理青年义工协会，我还加入了院学生会的新闻中心和学生科技协会传媒部。我认真学习新闻稿的撰写和拍摄活动照，所写的部分新闻稿在学校官网发布；担任传媒部部长，协助协会开展一系列活动和比赛、组织迎新活动等。

工作中我认真勤勉地做好自己的本职工作，虚心向别人学习，以全心全意为同学服务为自己的宗旨，以热心诚恳、乐观向上的工作态度认真做好每一项任务，还在学生评比中获“优秀学生”称号。

超强的适应能力

由于家里人和学校的支持，我有机会去到台湾进行一个学期的交流学习，繁体字、全英文教学、各种跨专业选课等，还有截然不同的教育和考核模式。第一次月考我就拿了大学里第一个不及格。可是经过不断的自学恶补，我不仅有几门课拿下了班级最高分，而且在应化系英文演讲比赛中得到了第一名，带着优异的总评成绩和老师的赞赏，完成了整个交流学习。

机会从来就不会告诉你什么时候会来，因为坚持良好的学习习惯和之前努力学习英语，才使我在交流学习中得到回报，要相信所有的努力都不会被辜负。

生活开出花

优秀的大学生绝不是在学校死磕教科书和死命上课的书呆子。这四年，我努力丰富自己：喜欢音乐，和朋友一起报班学习小提琴；喜欢运动，就去学习瑜伽、乒乓球、桌球、保龄球、游泳等；喜欢美食，看书自学烹饪；喜欢健身，跟着健身教练举哑铃并学习科学人体健美知识，和男人一样练腹肌练小老鼠，饮食和生活习惯严格自律；喜欢看书，写作，便保持每月看五本书以上的习惯，写读书笔记，在义工心得征文比赛中获得了最佳心得奖。

不断学习各种新知识新技能，不仅是为了在这瞬间万变的社会中站稳脚跟，更是为了让自己在灯红酒绿中留一片白。世界虽纷乱，内心却平静。

读万卷书，行千里路

大学给了我们相对的自由以及能自由支配的时间，这也是为什么我们可以在大学成为我们想成为的任何人的原因。去旅行绝不是因为我有钱，费用是通过奖学金、兼职等途径积攒的。通过向各种背包前辈讨教经验及查阅书籍资料等方式设计线路，我利用课余时间走了广西、贵州、湖南、福建、北京、天津、上海、江苏、浙江等大大小小二三十个城市。虽然没有很充足的预算，旅途中有辛苦也有愉悦。在路上的状况一点也不比实验室的少，但从中我学会了如何应对突发状况，如何适应地域差异，进而变得遇事时镇定自如；通过旅行领略了祖国山河的秀丽和各地迥然不同的民俗风情，这些在书本上是没办法学习到的。

路漫漫其修远兮，吾将上下而求索。未来的路我会更加努力，不随波逐流，丰富知识，充实自己，取得更大进步。

张文博

信息学院，2014级，共青团员。专业排名为4/313。

获奖及评优情况：

共参评优秀学生奖学金4次，其中一等奖学金2次、二等奖学金2次；

2016年中国创新创业大赛优秀团队；

2016年广东省“众创杯”创新创业大赛铜奖；

2016年联合国儿童基金会“支教带上联合国”优秀团队；

2015年，荣获北京理工大学珠海学院第五届机器人大赛二等奖等校级奖项7项；

2015年，参与北京理工大学珠海学院安联锐视创新基金项目：基于ZigBee的交通工具防盗系统（项目负责人）等科研项目2项。

知行合一，勇攀高峰

我叫张文博，就读于北京理工大学珠海学院信息学院2014级电气工程及自动化5班。大学生活已经过去了一半，在过去的时间里，我一直秉承“创新始于知，创业践于行”的精神，不管是在专业知识的学习上，还是在综合素质的培养上，抑或是在社会实践的参与度上，都保持着自己的活力，致力于在各个方面得到全面的发展，不留下明显的短板。在奋斗之路上所留下的汗水，也浇灌着成功的花朵，让我在攀登人生高峰的道路上一路芬芳。

努力学习，垒实基础

高考失利，我来到了北京理工大学珠海学院。从一开始来到这里，我便许下诺言，虽然自己曾经的目标未能达到，但不能自甘堕落，从哪里跌倒，就要从哪里爬起来。大一的新生梦想基金的评选演讲中，我立下了三个目标：完成三个研究项目，拿下两个重量级比赛奖项，冲击一个国家级奖学金。新生梦想基金是一个很好的起点，在这次的评选中，我拿到了大学第一个奖学金，并获得了“十佳优秀新生”荣誉称号。

即便是在最迷茫的大学初期，我也深知，大学中的学习成绩并不能代表一个人的实力，但成绩是一道门槛，跨过这道门槛才有更加广阔的天空。于是，我努力学好每一门课程。至今 4 次奖学金评选中，我获得一等奖学金 2 次，二等奖学金 2 次。最近的一次奖学金评选中我的综合排名距特等奖学金只差一名，没有拿过特等奖学金的大学是不完整的，于是乎新的目标“拿下特等奖学金”随之诞生。目前，我已经获得计算机三级证书，通过 CET4 考试，正在积极备考 CET6 考试。

专业知识仅仅在课堂上学习是不够的，大一下学期，我加入科源团队，在唐佳林老师的指导下进行更加深入的学习，大一成功申报了安联锐视创新基金项目，大二申报了大学生创新创业训练计划项目，目前项目专利申请正在进行中。目前，我担任科源团队的副队长，责任会让我在技术提升上加快步伐。同时，我积极地在各类竞赛上展现自己，参加过一些学科竞赛和学生活动，如机器视觉大赛、MATLAB 图像处理大赛、机器人大赛等，共获得二十余项奖项。在刚刚举行的中国创新创业大赛（广东·珠海）中，我所在的团队获得“优秀团队”奖项，并晋级全国决赛。

把握机会，积极实践

大学中，仅仅只是学习不足以应对未来，我们应该要全面发展。于是，我参加了各类学生活动，曾任信息学院勤工助学中心宣传部部长，市场营销协会公关部副部长等学生干部职位，也获得了包括“优秀干事”“优秀部长”“优秀团干”等数项荣誉称号。大二下学期，我协助老师一同创建了信息学院创新创业协会，目前担任会长一职，全面负责协会工作的开展。

社团工作让我的实践能力得到了极大的提升。在上一个暑假，我成功应聘到帮达心理咨询公司进行为期一个月的暑期实习，担任新媒体运营助理岗位。在公司的实习中，我学到了公司的规范化运营的优点，并将学习到的知识反馈到社团管理的模式中，让社团的管理更上一层楼。

俗话说，读万卷书不如行万里路。我认为，要读万卷书，也要行万里路。自高中起，我就经常一个人背起背包走遍中国大地。迄今为止，我的足迹已经踏遍中国 18 个省份，几乎走遍了大半个中国。大一暑期，我独自一人骑行川藏线，2 500 公里的路程花费了二十余天通过骑行的方式完成。在刚刚过去的暑假前一个月，我同中山大学心心之火支教队的同学一起前往湖南的湘西进行为期半个月的支教。而这所有的旅行，全部以穷游的方式进行，所有的花费也是通过奖学金及兼职赚取。

知行合一，方能勇攀高峰

在大学生涯中，我最常去的教学楼便是实验室所在的知行楼。传统文化中，知是指良知，行是指人的实践。而我的理解中，知是指知识。只有知识和实践交相结合，才能达到工作学习最完美的状态。

专业学习中，我将实验室科研项目研究同平时的专业课结合，从而达到知行合一的目的，将抽象的理论知识演变成为实际的作品，在加深理论理解的情况下还能提高自己的动手能力。

作为理工科学生，进行一些管理工作只能摸着石头过河，要想走小桥过河只能加强理论知识的学习。因此，我加入了市场营销学会，也经常同商学院的同学一起上课，以蹭课、自学、上慕课的方式进行如管理学、经济学等商科知识的学习。将理论和实际相结合，甚至会发现原本连商学院的同学都难以理解的知识自己的理解会更加深入，而管理工作也随着理论的提升越来越顺利。

有人说，环境会改变一个人。北理珠并不能算是国内顶尖大学，学校中充满了各式各样的人，学习环境并不像顶尖大学那么纯粹。但是，在环境改变一个人的同时，为什么我们不尝试改变环境呢？从我们自身做起，让自己变得更好，让自己的态度影响自己身边那么一小拨人，那么环境自然随之越来越好。勇往直前，自会柳暗花明；知行合一，方能勇攀高峰。

郑岱思

外国语学院，2014 级，共青团员。专业排名为 1/243。

获奖及评优情况：

共参评优秀学生奖学金 2 次，其中特等奖学金 1 次、一等奖学金 1 次；

2014 年获得新生英语演讲大赛非专业组冠军等校级奖项 4 项；

2015 年 11 月获得外研社杯广东赛区优胜奖；

2015 年获得全国英语口语测评大赛非专业组二等奖；

2016 年 3 月获得澳门第六届“商骄”商务英语演讲大赛珠港澳赛区一等奖和最受欢迎演讲者等市级奖项 2 项；

2016 外研社杯英语演讲大赛北京理工大学珠海学院赛区专业组一等奖和最佳语言奖。

奋斗·回馈

本人是来自北京理工大学珠海学院外国语学院 2014 级商务英语 1 班的郑岱思，我是一名共青团员。能够来到外国语学院这个大家庭，我感到很幸运。

我来自美丽的海滨城市汕头，在这个充满文化韵味的美食之城成长，我的内心洋溢着对家乡的热爱和自豪。我是家中的独生女，父母对我的管教非常严格。我自小学习琴棋书画，虽算不上精通，辜负了父母的期望，但我非常感激父母用他们半辈子的辛劳为我创造优异的成长条件，培养我做一个有气质和有素质的人。

我的父母常常教育我，学会做人、增长见识比在课堂上学会知识更加重要。自我开始记事起，家人便带我周游世界，开阔我的眼界，为我未来的人生打下坚实的基础。在平日的待人接物上，父母更是严加管教，现在回想起来，父母的肺腑之言都是他们半辈子积累的精华，为的是让我少走弯路，有一个顺利的、精彩的人生。

2014 年 9 月，我只身一人来到珠海，那是我第一次离开家乡和父母的怀抱。刚开始来到大学并不顺利，由于高考分数的原因，原本选择的英语专业，被调剂到了工业自动化学院交通工程专业，这是一个未知的领域。幸运的是，我谨记父亲的教诲："既来之则安之"，即使在不熟悉的领域，我也努力学习，第一次参评校优秀学生奖学金拿到了一等奖，这是对我的肯定，更是一种激励。2014—2015 这一学年对我来说是人生的转折点，通过参加校新生英语演讲大赛、工业自动化学院新生辩论赛，我挖掘了自己的潜能，为未来参加的比赛、结识的人脉和踏入的领域打下了基础。这一学年里，我不仅参加比赛，还积极参加社团活动：曾任工业自动化学院团学会文娱部干事、工业自动化学院新闻中心摄影部干事、外国语学院外语协会司仪团干事；开展了 2015 年机械与车辆学院艾乐家智博奖助学金颁奖晚会（工业自动化学院未更名前）、汽车文化节、日语演讲大赛等校内大型活动。通过丰富多彩的社团活动，我广交良师益友，学习各种技能和专业知识，使我的大学生活充实又有乐趣。大一下学期，由于转专业我没有参评校优秀奖学金。来到外院以后，我更加勤奋学习，以成绩排名和综合排名第一拿到了特等奖学金。

演讲于我而言，现已成为人生中不可或缺的一部分。自参加新生英语演讲大赛起，我对英语演讲愈发热爱，也开始学会通过各种平台展现自我。仅仅是大学前两年，我参加的演讲比赛并获得的奖项就有 8 个之多：2014 年新生英语演讲大赛非专业组冠军、2015 年外研社杯英语演讲大赛北京理工大学珠海学院赛区非专业组亚军、2015 年外研社杯英语演讲大赛广东赛区优胜奖、澳门第六届"商骄"商务英语演讲大赛珠海赛区一等奖、澳门第六届"商骄"商务英语演讲大赛珠港澳赛区一等奖和最受欢迎演讲者、2016 年外研社杯英语演讲大赛北京理工大学珠海学院赛区专业组一等奖和最佳语音奖。我能获得这么多殊荣，都要感谢学院给予我的机会、对我的重视和培养，还有团队的配合、努力和我自己的坚持。

获得什么奖项并不重要，重要的是我能从中学习到什么。通过新生英语演讲大赛，我懵懂地踏入了这个未知的领域，之后便一发不可收拾；通过澳门"商骄"，我懂得团队合作和领导力的强大；通过 2015 年外研社杯英语演讲大赛省赛，我明白自己与精英的差距……我非常希望在将来我可以将自己的经历分享给大家，作为一种鞭策、告诫或是激励，让大家和我一起学习，并肩同行。

20 岁的我肩上有着作为独生女的担子，有着对所有帮助我、爱护我的人一个交代的责任。在接下来的时光里，我还会把握机会，奋发图强。未来我的人生会是一片灿烂的，我感受得到，我会为之不断努力。一路学习，一路热忱。

郑淑玲

材料与环境学院，2013 级，共青团员，心理委员。专业排名为 1/87。

获奖及评优情况：

共参评优秀学生奖学金 5 次，其中特等奖学金 1 次、一等奖学金 1 次、二等奖学金 3 次；

优秀学生 2 次、优秀团员 1 次；

第十届全国大学生化工设计竞赛国家三等奖；

第四届全国大学生化工安全设计大赛国家铜奖。

当 自 强

回首大学三年，思考、读书和社会实践使我不断走向成熟，对知识的渴望，对理想的追求，人际关系的扩展，思维方式的变更，造就了我不断完善的专业技能和日趋成熟的思想，培养了我务实进取、认真负责的工作作风和良好的团队精神。

2013 年 9 月，告别了父母、朋友和深爱的家乡，我进入了北京理工大学珠海学院，开始了我的大学生涯。那时脑子里想的是好好放松下从重压下解放的自己。然而很快我就明白了，大学仍需认真踏实的学习，但是学习的内容不只是专业知识，还有更重要的。国庆后，我成为材料与环境学院团总支学生会宣传部的一名小干事，更多地接触到了学生工作，懵懂的我在不断犯错之中也领悟到了待人做事的小技巧，学习到了工作方法和处理人际关系的方法。

转眼，我在团学会宣传部工作已一年，在 2014 年 10 月份的竞选中，我当选了宣传部的部长，并直接参与了多次大型活动的会场布置。这一年的部长工作经验使我的组织沟通能力和管理协调能力有了新的进步。

我深知学生应以学习为主，所以在锻炼各种能力的同时，我在学习上也没有松懈过。假期中的社会实践让我了解到，仅有毕业证找工作是不占优势的，所以我利用课余时间考取了教师资格证书、计算机二级证书、CAD 一级证书，并通过了英语四级考试。另外还利用课余时间，在北理工的快递中心担任工作人员，赚取生活费，减轻父母的负担。我始终坚信，只有足够的努力，才能有足够的底气和能力去适应多变的世界。

2015 年 9 月，正式迈入了大三，经过暑期在化工厂的实习，我意识到自己在专业领域的知识远远不够。大一、大二两年里，我总结了自己学习的一套方法，当然，还有很多方面要进一步学习和完善。经过面试，我进入了材料与环境学院的实验室担任实验室助理，巩固了实验室相关专业知识和技术；独立完成资料信息的收集、整理与汇编，加强了我的文字处理能力和信息组织能力。在 11 月份材料与环境学院举办的第三届化工原理知识竞赛中，经过两轮角逐，打败了一百多组选手，获得一等奖，对于我大学三年的努力这无疑是一个肯定和鼓励，当我站在领奖台上，内心特别的充实和自豪。为了巩固专业知识，我长期义务帮助老师做水质检测实验，检测各种水中的重金属的含量，接触了各种检测仪器和检测方法，学习了更多全自动机器的操作，让我对我的专业有了一个更加全面的认识。

一次参观化工厂后，化工厂里存在的潜在危险因素使我对化工安全方面的知识产生了浓厚的兴趣。抓住休息空档，我自学了“危险与可操作性分析”的内容，在老师的引导下，历时三个多月，熬了很多个夜晚，与其他专业的同学给珠海市金鸡化工厂做了一份危险与可操作性分析报告。在第二学期，我参加了第十届全国大学生化工设计大赛，从零开始，去学习如何做出一份设计，即使我们经验不足，内容略显粗糙，但那是我们努力的成果，最后取得了国家三等奖的优异成绩。之后，我也参加了第四届全国大学生化工安全设计大赛，这是我们学校第一次参加这个比赛，我和我的团队顶住压力，乘风破浪，最后取得了全国铜奖的成绩。比赛完后我进入了“世界五百强企业”路博润添加剂（珠海）有限公司进行生产实习，在实践中巩固专业知识。

这几件事情都使我提高了自学能力和对新鲜事物的接受能力。工作的同时，自己的阅历在慢慢丰富，能力在慢慢提高，综合素质也有明显的提高，对于集体和团队有了更深层次的理解。与我所收获的这些相比，过程中的那些忙和累已经微不足道了。

在学习上，我也从没松懈过，争取每学期都拿奖学金，目前共取得一次优秀学生特等奖学金、1 次一等奖学金和 3 次二等奖学金。获得 2 次“优秀学生”

称号和 1 次“优秀团员”称号。我深深感谢学校和学院对我的认可，但是我知道，荣誉只代表过去，我必须脚踏实地地走好以后的每一步。

我也热心于公益，即使再忙，我都会抽空去当志愿者。大学三年共获得 70 张爱心公益积分卡，以及近 100 个公益时数。

总的来说，在我求学的这几年中，我在各个方面都获得了巨大的进步，综合素质得到了很大的提高。每个人都应该有自己的定位，有了定位才能有正确的目标，然后带着满腔的热血和激情，自信地去拼搏。“乘风破浪会有时，直挂云帆济沧海”，我会用乐观无畏的精神和勇气，迎接未来的每一个挑战。我深知，中华儿女当自强。

徐泽源

材料与环境学院，2013 级，共青团员，班长。专业排名为 4/89。

获奖及评优情况：

共参评优秀学生奖学金 5 次，其中一等奖学金 5 次；

国家励志奖学金 1 次；

2013 年校园心理剧大赛团体二等奖；

2015 年创新先锋榜十佳个人；

2015 年校级心理征文大赛优秀奖；

2015—2016 学年校生化技能大赛一等奖及二等奖；

2016 年省生化技能大赛三等奖。

大学——我的成长过程

2013 年 9 月，承载着家人的期望，满怀青春梦想的我进入了北京理工大学珠海学院学习。由于高中时成绩并不优秀，刚入学的我对自己并不自信，加上新入大学时的不适应以及繁重的课程常常使我喘不过气来。然而大一学年末我的综合成绩排名第三，当我看到这个排名的瞬间，十分感慨，原来自己在学习上还是有潜力的，既然如此，为何不把自己的目标定高些？于是，我告诉自己我不愿过平庸的大学生活，我要努力、奋斗，活得精彩。

“工欲善其事，必先利其器”，只有厚积才能薄发。在经历了大学适应期后，我开始摸索自己的学习方法。我不是一个天资聪明的人，唯一能做的就是勤奋踏实地努力着。当别人在宿舍玩着游戏、看着电影的时候，我在复习着专业知识，预习着实验。我时常向老师请教各种专业知识和技能。我在实验室担任助理，磨砺着自己的实验技能和思维，我熟悉实验室所有仪器的操作和基本试剂的配置，每一个实验的仪器和操作我都能信手拈来。在大二暑假，我代表学校申请并参加了2015年清华-北大生命科学联合中心的科研学习，在那里我与重点一本的大学生一起学习了世界最前沿的生物学知识和实验手段，也与施一公、柴继杰等世界顶尖科学家进行了交流，我拥有与国家重点本科院校大学生相媲美的专业知识和专业技能，我也自信地告诉他们我是北京理工大学珠海学院的学生。后来，我参与了老师和师姐的科研项目，做了一年多有关环境微生物电池和有机磷农药残留降解的两个项目实验，并在其中承担了主要设计工作和实验工作，进一步锻炼了我的科研潜质，并获取了宝贵的实验经验。在大三，我组队并成功参加了2016年广东省生化技能大赛，在这次竞赛中，我组项目“体外探究橘子汁的解酒作用及有效成分对相关酶活力的影响”在全省本科组1 000多支参赛队伍中脱颖而出，成为50支决赛队伍中一支，并在决赛中成绩排名17，成功摘得三等奖。大三暑假，我成功申请了2016年中国科学院微生物所的大学生夏令营。原则上，中国科学院是不招非985和211的学生，由于我比其他高校的学生具有更加丰富的科研经验和优秀的实验技能，我被一个做环境微生物学的博士生导师录取并参加了夏令营。经过一轮轮的专业知识考核、实验技能考核和双选会面试，我淘汰了大部分的学生并与导师签订了拟接收函，考研初试过线免复试录取。

一分耕耘，一分收获。在大学期间，我获得过1次国家励志奖学金、5次一等奖学金，被评为1次优秀学生、1次优秀学生干部；在比赛中，获得过校园心理剧大赛团体二等奖、广东省生化技能大赛省三等奖、广东省生化技能大赛校一等奖、创新先锋榜十佳个人、院自强之星二等奖等数十个奖项。此外，我也自主发明了一种水利工程建材，并获得国家实用新型的专利。

我在班上担任班长，在中医营养健康协会担任副会长。心怀感恩，回馈社会也是我的追求之一，生活中，若有机会，我都希望能极尽所能去帮助别人，捐款捐物，志愿服务，每一次的奉献都会让我感到快乐。再难再苦，只要努力拼搏，就会有所收获。在未来生活中，我将以百倍的信心和万分的努力去迎接更大的挑战，无论成功还是失败，都鞭策着我一步步向前，永不停息。

起点的高低并不能决定你最终的高度，只要努力，一切皆有可能。我要感谢所有老师和同学的帮助，正因为你们的帮助才会有今天优秀的我。

王纯

商学院，2014级，共青团员。专业排名为2/167。

获奖及评优情况：

共参评优秀学生奖学金3次，其中特等奖学金1次、一等奖学金1次、二等奖学金1次；

优秀学生1次、优秀团员1次；

“三行情诗”情书大奖赛一等奖；

百万同题写作大赛二等奖；

国贸技能大赛团体优秀奖。

你好，梦想

“不是现实支撑了梦想，而是梦想支撑了你的现实。”——北大《星空日记》

我们努力把生活做成一张全是对钩的表格，却总把梦想这一栏遗忘在现实的角落。来到大学已有两年多的时间，我一直都对自己严格要求，不敢松懈，因为我想抓住这四年让它成为我人生的转折点。

你好，现实。——我在步入大学之后给自己立下了一个和大多数人一样的目标：毕业后找个赚钱多的好工作。虽然有些功利，却很实在。每天伴随着日出已起、日落还不息的生活节奏，我也算是有了一点小小的成绩。作为一个学生，自己的本职工作从不敢怠慢，到现在获得过特等奖学金和一等奖学金，还获得了“优秀学生”“优秀团员”的荣誉称号，在政治上也努力向党组织靠拢，现在已是一名重点培养对象。这些都按照我的预想按部就班地进行着，一个又一个的对钩出现在我的生活中，但这真的是我想要的生活吗？

再见现实，你好，梦想！——我的初心和梦想很简单：做自己所爱的，爱自己所做的。从现在起，我不再将那些曾经的优秀作为未来简历的附加品，而让它们成为我战斗的勋章。我大二时加入京涛海纳访谈中心，只因我热爱采访和写作。热衷于采访是因为接触那些优秀的人、聆听他们的故事会让自己想变得更好，而写作又可以让一个人在浮躁的社会中沉静下来。我可以为了提交一篇英语作文修改 297 次，只因我热爱这份完美，要做就要做到最好。不忘初心，方得始终。我开始享受在大学中的每一个时刻，在图书馆和周围的人一起孜孜不倦，在比赛中和队友们倾尽全力，同时也享受着那些形单影孤的日子，我从中学会了独立和坚强。我一直都不认为自己是一个优秀的人，因为优秀这个词对我来说只是过程不是结果，那些应该做的和想要做的都还远远不够。于是我作为一个三跨考生加入了考研大军，我知道这条路会走得很艰难，有崩溃的时候，有想要退缩的时候，但这茫茫宇宙，有太多知识我都还想要去学习，有太多的人我还想要去认识，有太多的愿望我还想要去实现。如果有人对我说醒醒吧，我会告诉他：你知道吗？梦才是最真的现实。

这篇自传的目的就像是来记录和思考我这两年多来的奔跑进取。如同在上一趟旅行之后，下一趟旅行之前，拾拣满满当当的行李箱，扔掉一些不要的东西，送掉一些给朋友的礼物，留下一些以后还会需要的，珍藏一些刻骨铭心的，另外一定还有些东西，他人可以看到或者看不到，但对我来说已经成为历久弥坚的信仰。坚强自立、勇敢睿智是我努力的标签，果敢自信、步履坚定是我最好的伴侣。剩下的两年我也将带着这些行囊勇往直前，感谢自己过去两年多的付出和良师益友的帮助。我相信未来是自己一步一个脚印走出来的，虽然走得慢，但每一步都很踏实，虽然有时会跌倒，但拍拍身上的尘土，还要继续前行。

陈爱萍

商学院，2014 级，共青团员，院办公室助理。专业排名为 2/98。

获奖及评优情况：

共参评优秀学生奖学金 3 次，其中特等奖学金 2 次、一等奖学金 1 次；

国家励志奖学金 1 次；

优秀学生 1 次、优秀学生干部 1 次；

第四届天文知识竞赛三等奖；

第五届天文知识竞赛三等奖；

第一届“夏日狂欢”游泳比赛团队优秀奖。

天道酬勤，宁静致远

我是陈爱萍，1994 年 5 月 14 日出生于广东省湛江市，女，汉族。2014 年 9 月考入北京理工大学珠海学院物流管理专业学习，是一名共青团员。

我来自一个简朴的农村家庭，从小懂得生活的艰辛，感恩父母，同时也对来之不易的大学生活甚是珍惜。为了能更好地适应大学生活，为未来发展做准备，我在校园里积极向上，努力展现自己的个性，相信“天道酬勤，宁静致远”。现在对自己以往的思想、学习、工作以及生活情况做如下汇报。

在思想方面，由共青团员积极向党组织靠拢。我于 2014 年参加北京理工大学珠海学院第十八期党课培训，并于 2015 年 11 月被北京理工大学珠海学院党支部确定为入党积极分子。此外，2016 年 5 月，我参加北京理工大学珠海学院第五期学生干部骨干培训班考核合格，获得结业证书。经过这一系列的精神洗礼，强化理论知识，我的思想觉悟得到全方位提高。

马克思曾说：“与其用华丽的外衣装饰自己，不如用知识武装自己”。在学习方面，我努力学习专业知识，用知识武装自己，专业学习成绩名列前茅，以优异的成绩获得优秀学生特等奖学金 2 次、一等奖学金 1 次、国家励志奖学金 1 次。我谨记朱熹先生的告诫："为学，正如撑上水船，一篙不可放缓。"获得奖学金仅仅是对我学习上的肯定，学无止境，我仍要在这条路上坚持不懈奋斗下去。

"纸上得来终觉浅，绝知此事要躬行。"在社会实践方面我也毫不松懈。

在校期间，我积极参加社团、公益等活动，先后担任物流管理协会行政部部长、游泳协会秘书部部长、大学生事务中心前台助理、商学院办公室助理和校团委干事等职务。任职期间，我自觉学习微信编辑运营、Photoshop、视频剪辑等技能；在协会里任部长时，我不断增强自己的领导能力，带领干事们保质保量按时完成社团工作；任助理和校团委干事时除了完成本职工作，还虚心向优秀的师兄师姐请教学习。社团活动不仅提升了我的工作能力，也为我提供了一个向更高的工作领域进发的平台。

"慈悲不是出于勉强，它是像甘露一样从天上降下尘世；它不但给幸福于受施的人，也同样给幸福于施与的人。"莎士比亚将爱心诠释得很生动。在参加各种公益活动的过程中我深有体会。当一名"文明小交警"时，在马路两边站岗维持交通秩序，尽管风吹日晒，看到文明交通也甚感欣慰；作为"善行 100"志愿者之一，冒着风雨、顶着烈日，连续几日走上街头，只为给山区的小朋友多筹集一份善款。看到山区小朋友们淳朴的笑脸，我心中也满是欣慰。此外我还参加了招聘会等公益活动，累计公益时数达 72 小时。在这些公益活动中奉献爱心的同时，我也收获了快乐，正所谓"赠人玫瑰，手有余香"。

此外，我非常重视并充分利用寒暑假时间，先后在珠海市德豪润达有限公司、珠海市香洲区民政局实习锻炼，工作态度端正，尽职尽责，深得领导和同事的肯定。其中在香洲区民政局实习期间，在其官网上发表两则新闻，撰写了《社会组织党员标准十二条》，并担任香洲区一镇八街"中国社区标识"更换修建工作负责人，成效显著。到企业和政府部门实习真正锻炼了我的实操能力，真正做到理论与实践相结合。

学习上脚踏实地，工作中尽职尽责，我追求综合全面地发展自己。在校期间荣获"优秀学生""优秀学生干部""优秀团员""校园优秀义工"等荣誉称号，这是对我个人品德的肯定，深感荣幸。我还积极参加校级比赛，荣获"第四届天文知识竞赛三等奖"、"第五届天文知识竞赛三等奖"、党务知识竞赛第四名、EVA 经济价值分析大赛前八强、第一届"夏日狂欢"游泳比赛团队优秀奖等。竞技比赛让我在奋斗的路上遇到更多强者，了解到自己的不足，从而找到途径去弥补不足之处，成为更好的自己。同时，我还参加大学生创新创业项目，研究主题是“珠海横琴新区物流网络基础设施调研”，坚持实地考察，用数据说话，此项目立项成功。

成功路上，每一步都走得很不容易，但是总会有到达目的地的一天，这需要付出勤劳的汗水、坚毅的耐力并保持一颗从容淡定的心。我相信天道酬勤，成功终有一天会降临。

陈嘉禧

商学院，2013级，共青团员。专业排名为1/197。

获奖及评优情况：

共参评优秀学生奖学金5次，其中特等奖学金5次；

优秀学生2次、优秀团员1次。

青春无悔

我的名字是陈嘉禧，出生于1994年，籍贯广东汕头，现就读于北京理工大学珠海学院，是商学院2013工程管理3班一名即将毕业的大学生。

人生就像一次奇妙的旅程，每次精彩的转折，看似突兀，但如果怀着自信和梦想坚定地走下去，精彩就在前方。在北京理工大学珠海学院，我意识到自己的梦想将从这里启程。

在我的理解里，大学意味着奋斗，意味着刻苦不懈，高考并不是终点，而是一段新航程的开始。在已经过去的三年大学生活里，我一直认真对待学习，没有懈怠。在校期间，我参评奖学金5次，获得特等奖5次，专业绩点和综合评比连续5次位列第1。获得学校优秀团员2次、优秀学生1次，已通过CET英语六级。与同学一起编写SPSS项目《广东省大学生学生宿舍满意度调研——以珠海三所高校为例》并获得校级优秀暑假实践报告。

在社团这个展示自我能力的平台上，我担任商学院职业发展协会副部长以及团学会秘书部助理，负责商学院各项活动的经费申请和发票报账，主要工作为发票管理和制作账本并报审，负责编写和整理院内就业相关资料以及办公软件、财务发票与账本制作的培训工作以及协助老师和辅导员进行各项整理工作以及账本上报工作。在社团活动与协会工作中，我提高了自己的动手实践能力，学习到了如何灵活应变地处理事情。

课余时间我积极和同学一起组建团队参与各项竞赛，获得了北京理工大学珠海学院 ERP 沙盘模拟对抗赛二等奖和自己专业的 CAD 制图大赛团体三等奖。我觉得比奖项更重要的是，在每一次的参赛中，我都感受到了和团队成员之间互相合作建立起来的深厚友谊。

今年大三结束的暑假，我开始第一次走出学校步入社会寻找实习工作，期望可以把学校里学习到的内容应用于实践中。在今年 7 月到 9 月，我在拥有监理综合资质的广州市市政工程监理有限公司珠海分公司进行招投标实习工作。我的实习内容为协助进行公司的招投标活动，主要工作为制作资格函件、业绩信誉标书、经济标书等投标文件，此外还负责处理办公室内部日常事务，主要包括各种文件、报告、条例的起草编制，做好各种工作会议的通知及准备工作，管理各种文件和整理档案资料并做好登记录入等工作。在刚刚开学的 9 月份，我还在工商银行拱北支行担任客户经理助理，协助客户经理进行客户拓展工作，主要包括为客户传送资料解答疑惑以及处理房贷档案资料，主要包括整理每月的客户购房贷款资料与联系客户等工作。通过这些工作，我了解到了在学校学习不到的课本外的内容，同时开拓了自己的眼界，锻炼了自己的办事能力，也让自己能更好地与人交流沟通，增强了自己的表达与组织语言的能力。

我觉得，作为一名大学生，我们应该主动向社会奉献出自己一份属于青春的力量。我多次参与义工活动，其中包括帮残疾人做工艺品、去养老院和福利院访老探幼、担任香洲义工环保志愿者，等等。此外还参与过汪峰珠海演唱会、珠海市首届美食嘉年华等市级公益活动，负责维持演唱会前场场区的秩序、前场观众的指引与协助工作、游客的活动介绍工作并提供游玩指引帮助。

有人说，平凡的大学生有着相同的平凡，而不平凡的大学生却有着各自的辉煌。我可以选择平凡，却不可以选择平庸，如果可以的话，我相信谁都想不平凡。有人说，大一彷徨，大二逍遥，大三惶恐，大四遗憾。但我觉得，如果经历了由蛮荒到懵懂、由充实到丰满的心路历程，由读别人到读自己的灵魂升华，那么每个人都会逐渐获得超越平凡的力量，放飞希望，超越梦想，让汗水与努力同在，让我们的青春无悔！

陈雨竹

商学院，2014 级，共青团员。专业排名为 10/166。

获奖及评优情况：

共参评优秀学生奖学金 3 次，其中特等奖学金 1 次、一等奖学金 2 次；

2014 年第三届全国英语口语测评大赛大非英语专业组二等奖；

2014 年北京理工大学珠海学院英语微电影大赛二等奖。

如果没有来到这里，我会是一个不同的人

在上大学之前我是一个非常彻底的差生，每天只担心两件事情，一个是中午吃什么，一个是考完试之后要当着全班最帅的男生的面念排名。

就连高考也没有对我的心理产生多大的影响，但是再无所谓的人也会有自己的底线的，高考之后的暑假发生的家庭变故让我像坐滑梯，最后终于重重地摔在了现实世界里，头破血流。那个时候我才开始认认真真反省自己，残酷的是：我发现自己从来没有做成过一件事情：宣称自己一定要学会某种乐器，一个星期就放弃了；决心要背完一本单词书，从 abandon 背到 ability 就再也没有碰过了；甚至连橡皮擦都没有完整地用完过一块。

来到大学之后，我周围的氛围一度是学习其实并不重要，积累经验和构建人脉更重要。但我那时坚信那些事情或许能让你走得很快，但如果不具备学习的能力一定不能走得很远。我太需要知道拥抱一个完整的人生是怎么样的体验了，可是过去 18 年养成的习惯的力量大到让人无可奈何。

我开始了出国语言考试的备考历程，一本书里 90% 的单词都不认识，我不敢承诺什么，我只想试试，试一试自己那样刻苦学上一个月会不会见效。去年冬天的晚上，我 8 点钟下楼去食堂，坐到 11 点，不停地重复，陪伴我的是从门

口漏进来的寒风和粥档口传来的香气，只有吹着冷风才能保持警醒和高效。一个月里我把红宝书背了八遍，无数次我都面临崩溃的边缘了，当你把一本书也背上八遍的时候你就知道那是什么感觉了。我根本不敢相信那个能从早晨6点蹑手蹑脚起床到晚上12点老老实实学习的人可能是我自己，你永远也无法想象第一次就考出别人梦想中的成绩于我而言多么重要。但是知道成绩的时候我出乎寻常的平静，做成人生中第一件事情的时候我才明白原来激情和呐喊的冲动到了顶点只会是平静。

后来我再也没有改变过那种态度和方法。商学院开了很多数学课，高考的时候全班均分110，我考了80分，为了让成绩达到申请要求，所有的数学课我一直都是班里第一个来的人，我做到了七点半到教室预习，下课后立刻整理笔记和做作业，每周六去图书馆复习，期末考试前两个月开始备考计划，后来我所有的数学课高数、线代、概率、运筹都在95分上下。

很多个坚持不下去准备放弃的时刻我都告诉自己你可以应对的，如果撒手弃之和过去有什么区别？这些事情让我惊讶地发现，哇，如果我拼命起来，潜力有多大，会有多能干，我可以把自己逼到什么程度，我可以完全告别那个好吃懒做的自己。

后来我接触到了更多喜欢的学科，在MOOC全球课程在线平台修了十几门课并拿到证书，接着好运气也拥抱了我，有老师愿意带着我做学科研究，有人愿意雇我去广交会做兼职翻译，有人推荐我去交通银行实习。

我的课外活动虽然不多，但在每件事情中都扮演着积极的参与者和领导者角色。

“一代商骄”商学院学科竞赛是我参加的第一个大型比赛，也是我除了学习之外的进步开端。我的内心虽然充满了对站在舞台中央成为众人瞩目的焦点的渴望，却从来没有崭露头角的机会，我等来了自己的机遇：为了突出团队优势，我选择所有环节用自己撰写的英文稿讲述；为了让全队表现更加从容，一有空就组织大家练习口语和相互纠错；为了使表现形式更有冲击力，临时购买了Prezi账号并在短时间内学会操作；不会拍视频，就立刻搜索学习教程和找有经验的同学取经。登台前我紧张到一动不敢动，面对所有人的注视，唯一能够依靠的就是台下数十次的练习的底气。上帝眷顾了我，以0.5分之差位居第二。

我对社会服务事业亦充满了热忱，对周遭环境、个人道德仿佛充满了与生俱来的责任感。除了定期参加学校组织的公益活动，我还是CYCAN中国青年对应气候变化行动组织——珠三角水源地保护行动的一员，我的责任并不是简单地呼吁大家节约水资源，而是自己动手研究历年的湿地森林密度、政府填海规划政策、自然海岸线价值、累积性环境影响，联合团队的力量向政府环保局上书谏言。在今年6月，我向珠海市环保局提交的书面意见《关于取消提供房产证作为环评公示反馈条件》得到了复函和采纳，迅速地取消了这一条件。当我能够用自己的知识对环境保护贡献力量时，我的内心第一次有了一种作为人类的使命感，那一刻，我不只是珠海街头的163万市民之一，我还是全世界数十亿迫切地想要解决环境危机的人们之一。

来到大学对我来说意味着很多。我在这里厘清了自己，认识了自己的性格，了解了自己的渴望。生命中最重要的事，是活得真实，而不是屈服于同辈的压力，成为一个不是你的自己。要活得正直、有怜悯之心，在梦想的途中战胜痛苦和摇摆，在自己擅长的地方有所贡献。

骆艳萍

商学院，2013 级，共青团员，学习委员。专业成绩排名为 3/312。

获奖及评优情况：

共参评优秀学生奖学金 5 次，其中特等奖学金 1 次、一等奖学金 1 次、二等奖 1 次、三等奖学金 2 次；

国家励志奖学金 1 次；

2015—2016 学年校园十榜之“躬行实践榜”十佳人物；

2014—2015 学年校园十榜之“热心公益榜”十佳人物；

2015—2016 学年 POCIB 全国大学生外贸从业能力大赛团队特等奖、个人一等奖；

2015—2016 学年度获得北京理工大学珠海学院第六届外贸操作技能大赛一等奖等校级奖项 2 项。

坚持，就会改变

本人骆艳萍，女，汉族，籍贯广东开平，1994 年 8 月出生，系北京理工大学珠海学院商学院国际经济与贸易专业 2013 级学生。丰富多彩的大学生活给了我很多启示，我所经历的事情在改变着我，使我不断地完善自我，逐渐走向成熟。

2013 年 6 月，高考刚结束不到一个星期，那段时间一直忙着整理高中三年的书籍资料还有作业本，准备全部清空。当时整理出来一大堆没有用过的作业本，扔了觉得浪费，留着似乎也没机会再用到。于是经过商量后，我跟两个朋友决定组织一次作业本收集活动。本次活动主要是把我们身边同学朋友以及附近的初高中学生多余的作业本收集起来，最后把作业本交给当地的义工服务中心，由他们转交给有需要的人。通过在微博、QQ 上发布收集信息，以及主动联系学校，我们的活动得到了广大师生的支持，最终收集到了 1 000 多本作业本。就是这样，我的第一个公益活动圆满结束了。那时候的我还不懂什么是公益。

2013 年 9 月，我正式入学北京理工大学珠海学院。同年 10 月，在机缘巧合下我通过了新长城北京理工大学珠海学院自强社的面试，成为其外联部的一名小小的干事。这个刚成立不到半年的社团就成为我大学参加的唯一一个学生社团。仍记得，当初面试的时候师姐问我一年后想不想做部长，我用拿破仑的一句名言回答了这个问题："不想当将军的士兵不是好的士兵。"就是这样一个问题以及回答鼓励着我在那一年积极参加社团的各种活动，主动联系校内外的商家企业，一年后我成功通过竞选成为外联部部长。

随后，我在社团担任外联部部长的同时兼任朗山公益中心主任，主要负责社团对外工作及朗山公益报刊亭的建设与发展。

2014 年 4 月，我参加了中国扶贫基金会举办的 2014 善行 100・快乐月捐季大型公益活动，志愿服务 82 小时，共筹集善款 3 175 元，并获得中国扶贫基金会授予的"四星级善行 100 志愿者"荣誉称号。在为期一个半月的活动时间里，我主要是作为小组长，带领队员参加一整天的劝募活动，并整理当天的劝募成果和资料，同时还要鼓舞士气，激励队员。在劝募过程中，一次次的拒绝和失败，使我无数次想过放弃这个活动。但是，每次想到只要劝募成功一次就可以给一名山区小学生送去一个爱心包裹，我就打消了放弃的念头。而且我的队员都在坚持，我就更加不能让我的不良情绪影响到团队。最终我坚持参加完整个活动，学会了如何去做一个领导者，也明白了什么是助人为乐。

2014 年 6 月，我作为新长城北京理工大学珠海学院自强社代表与北京师范大学珠海分校的美术支教志愿者团队前往湖南益阳进行"善行 100"爱心包裹发放及支教活动。在支教过程中，亲眼见到自己的努力给小学生带去了欢乐。这一次出行让我明白了一个人的行为能产生巨大的影响力，影响他人的行为，影响他人的思想等，促使日后的我不断地努力，致力于通过自身的影响力去回馈社会，帮助他人。

2014 年 10 月，我前往北京参加了中国扶贫基金会主办的善行 100 活动负责人培训会，返校后带领社员组织了一系列志愿者招募、面试以及培训活动。一切准备就绪后，于 11 月 1 日在珠海地区正式开展"2014 善行 100・温暖行动"公益活动，共发动志愿者 1 112 人次，筹集善款 153 400 元，总成绩排名广东第

4，全国第 15。我凭借优秀的成绩被中国扶贫基金会评为“优秀组织者”和“优秀服务者”并受邀参加中国扶贫基金会主办的“2015 大学生公益社团领袖集训营”。在集训营期间，我与来自全国各高校的公益社团领袖一起学习如何提升个人能力，如何管理社团等，同时还了解到雀巢、腾讯、新浪、花旗等知名企业在商业运作的过程中如何通过公益行为来回馈社会及其企业的公益理念。

公益的定义是公共利益事业的简称。过去的我认为做公益就是参加公益活动，随着阅历的增加，我明白了做公益有很多种方式，除了直接参加社会上的公益活动之外，公民不做扰乱公共秩序的事情，商家不生产劣质产品，招聘失业人士等都可以说是做公益。于是后来的我在参加公益活动的同时开始了我的新事业，我创办“超级沙拉”饮食品牌，为消费者提供安全健康的食品，并招纳学校贫困学生作为兼职人员。

一路走来，我做得最多的事就是坚持。坚持提升个人素养，坚持增强个人能力，坚持通过自身的影响力去回馈社会。而我也在坚持的过程中一次次地成长。我从来不认为自己是个优秀的人，因为人外有人，没有最好只有更好。但是，我一直让自己走在成为更好的自己的路上！没有哪一条路是平坦的，未来的路上还会像过去一样遇到各种迷茫和困难，但是我不会放弃，因为我一直相信：坚持，就会改变！

谢立达

商学院，2013级，中共党员，院学生党支部副书记。专业排名为1/122。

获奖及评优情况：

共参评优秀学生奖学金5次，其中特等奖学金1次、一等奖学金4次；

优秀学生2次；

第七届市场营销大赛二等奖；

第三届EVA大赛三等奖；

第九届商学院辩论赛冠军。

完整却不完美

大学三年过去了，快到终点站了。一路之上，从踌躇到从容，再到迷茫，到最后释然，好像是一种必需的过程。而这变化，我相信是一种成长，让我更加知道了怎么去面对未来。

记得2013年7月，我踌躇地拿着录取通知书来到了这所大学，想要复读的心怎么也压不住，但最后来自家人的压力让我不得不选择入学。不过，在那时，我就在心里埋下了不可让自己大学再度荒废的想法，列下了自己大学该做的一件件需要完成的事。从社团、学习再到竞赛奖励、社会实践，我都一一列在心里，生怕会落下任何一项。

初生牛犊不怕虎，我在大一的时候一口气就参加了11个社团，恨不得自己有分身术，根本无法同时开会、参与活动。在发现自己根本力不从心想调整自己的时候，又投入无尽无休的比赛当中，辩论赛的紧张节奏让自己停不下来。一学期过去了，除了有剩余的时间可以泡图书馆学学高数，似乎就被这些“节目”填充了。到第二学期开始时，我重新审视自己，调整自己的生活节奏和时间。除了参加必要的活动和比赛，我没有过多去投入，似乎不是很充实，却让自己学会了一个必要的技能——冷静沉着。喜欢社交活动的我在这时候开始改变，变得更冷静去对待许多事情，不让自己再像以前那样自乱阵脚地做事。值得一提的是，在此时我萌生了一个很重要的念头——留学。这影响来自自己对周围老师的接触以及师兄师姐的榜样，我非常羡慕一个人能在陌生环境独自适应和成长。同时，我也没有忘记曾列在心里的锻炼自己的社会实践。一个暑假，空空的学校，一个人每天坚持 6 点多起床到下午天黑回来宿舍休息，只为完成一个简单的暑期实习。

大二顺理成章地来临，我所理想的法学双学位虽然停开，但是我依然坚持不能让自己停下来，报了会计双学位，要强的心依然炽热。然而不一样的上课节奏，加之频繁的社团活动，让我疲惫不堪。我不得不选择放弃一些，坚持一些。我选择留下了自己心仪的辩论社以及对我成长帮助最大的助理团。不仅是责任感让我坚持着它们，更因为归属感。就在这一次次坚持中度过了自己的大二。除了让自己有所回味的贵州暑期实践，大二过得并不怎么精彩，却是一个不可或缺的过渡期。

而紧接着被贴上"实习考证"的大三来了，我却多了一份焦虑。因为虽然一件件列在清单上的事情都一一完成了，但却并没有特别突出的光芒。堆在一起的经历，怎么也没有亮点——没有出众的奖励，没有丰富的经历。深深自省中，怎么也摆脱不了这个紧箍咒。后悔过后，默默地把自己的大学标上了"完整却不完美"的标签。偶然间，沉睡着的留学梦被唤醒，好像是救命的稻草，可以划掉标签的"不"字，虽然真的曾这样以为。但是后知后觉，明白不能忘了高考的滑铁卢和一份求知的初心才是自己前进的动力。完成了双学位的毕业后，我变成屡败屡战的"考鸭"。

我想每个人都希望自己在大学四年感到释然、不后悔、不怀疑。但是别忘记，在这之前，需要的是自己对自己的付出，不然会烙下后悔、疑惑的印记。而我还在路上，在这漫漫的雅思路上，努力只想为自己大学四年画上完美的句号，删掉那个"不"字。

为了我们自己的完美句号，希望我们一起共同努力！

徐志韵

商学院，2013 级，共青团员。专业排名为 4/163。

获奖及评优情况：

共参评优秀学生奖学金 5 次，其中特等奖学金 1 次、一等奖学金 3 次、二等奖学金 1 次；

优秀学生 1 次、优秀团员 1 次；

邮储银行杯中国互联网协会第八届（2015）全国大学生网络商务创新应用大赛全国总赛区网络商务创新应用二等奖。

理想，从懵懂时就有了

懵懵懂懂踏进大学生活的我，知道这一切是许多个日日夜夜备战高考换来的成绩，知道不能辜负那些逝去的时光，知道不能平凡，知道不能懒惰，知道应该绽放属于自己的光芒。理想，是那次迎新晚会上上台领取“国家奖学金”和“光大奖学金”的师兄师姐给予我的，那时候的我想，师兄师姐们太厉害了，但师兄师姐们可以的，我也可以。

梦起航了，就为之奋斗。当理想在那遥远的地方时，便会迷茫。大一的我，可能比任何人都快地进入了迷茫的阶段，迷茫的我，就像一直往无底洞掉落，既不踏实也提不起那说好要奋斗、要努力的心。但脱离迷茫时，我的大学生活，我的追梦旅程就开始了。大一的我，一边兼职，一边学习，一边进行着社团生活。生活越精彩，就越发会合理地分配时间。第一次获得专业的“程序设计大赛”二等奖时，知道了我的大学，还有一项可全面锻炼自己的事项。从那时起，我每个学期都会参加专业的各种技能大赛，均获得好成绩。这个过程收获的，便是一直追求的自信心。当我发现站在台上不再紧张时，真的无比自豪和欣慰。我不是要和别人比拼谁更优越，只是知道“机会是留给有准备的人”。我憧憬着这些经验可以在未来的各种机会中令我更自信地展现自己。要感谢那三个一直跟我组队参加团队比赛的队友，因为她们，我懂得了即使发生再大的分歧，该珍惜的，就要懂得珍惜。当然，那几个讨论到凌晨的日子，使我们都深刻知道，想得到，就该付出努力。

在没有社团、兼职、比赛充斥的那些日子，感谢导师给予我一个参与项目的机会。活不多，难度不大，但活很细。重复做着同一件事，你就会发现自己更多了一份细心和耐心。更重要的是，我感受到了老师对我的信任，这个是一直支持自己在多方面奋斗、坚持的动力。因为导师的信任，使得我确信自己并不差。

在参加全国大学生网络商务创新应用大赛时，我体会到人的才能是被逼出来的。28 个小时硬座是团队选择去往北京的方式，途中没有怨言，没有不耐烦，只有一路的欢声笑语声，一路备战即将来临的比赛。比赛期间，早上七点吃过早餐，一直坚持认真备赛下一顿饭中午 3 点，也许晚上 10 点，但我们没有埋怨、没有不悦，只是更加坚信我们能表现得更好，尽力展现我们准备好的一切。“有人说，每一个拥有梦想的人都值得被尊重。可我总觉得，除了尊重，人还需自我尊重。真正的尊重，只属于那些不怕碰壁、不怕跌倒、勇于靠近理想的人。梦想不等于理想。光幻想光做梦不行动，叫梦想。敢于奔跑起来的梦想，才是理想。”这是作家大冰说过的话，我非常赞同。所以北京之旅，让我懂得，我所谓的理想，不能只说说、只想想，碰壁了、跌倒了、拼搏了，理想就不远了。

“请相信，这个世界上真的有人在过着你想要的生活，完成了你想要追逐的理想。”

许嘉明

商学院，2013 级，共青团员，学习委员。专业排名为 1/96。

获奖及评优情况：

共参评优秀学生奖学金 3 次，其中一等奖学金 1 次、二等奖学金 2 次；

优秀学生干部 1 次、优秀团员 1 次；

北京理工大学珠海学院第六届 CIS 企业形象设计大赛二等奖；

北京理工大学珠海学院第一届管理案例分析大赛一等奖；

北京师范大学珠海分校第八届“知行杯”案例分析大赛优秀奖；

北京理工大学珠海学院 2016 年寒假母校回访实践活动优秀奖。

平凡中立志不平凡

22 年前，一个叫许嘉明的小女生出生在一个很平凡的家庭，那时候家里没有积蓄，没有好看的衣服。而后的十几年，一个平凡的、没有什么志向的女生过了自己按部就班的小学、中学。那时候的我甘于平凡，进行自己的学业，虽说这样我的学习成绩可以在一个相对熟悉的环境里平稳地上升，但是除学习以外的其他我并没有“涉猎”。所以以前的我，在长辈们的眼里，我是一个学习好的孩子，在同辈朋友的眼里，我就是一个除了学习其他什么都不懂的孩子。就这样，我过了自己最平凡的一段时间，就像我掉进了人海中，也没有多少人可以把我认出来。

就这样，高三结束后，我也顺利地进入了大学，大一的一年，我还是延续以前的生活，每天“三点一线”，在外人眼里看来，我的生活很乏味。快到学期末的时候，我看到了我与别人的不同，他们在社团里身影活跃，学习上拼搏向前，而我，依然沉寂。在经过大一的沉淀之后，我骤然醒悟，平凡并不适合我，按部就班并不是我的人生。正是这个契机，让我重新认识我自己，重新立下目标——在平凡中立志不平凡。

定下目标后就暗暗下定决心，一定要做到“学好、用好、做好”，“学好”就是在学习上要做到学习成绩好，因为大一时候承接了学习委员的工作，我必须要树立好学习的榜样，开始摆脱大一时英语的弱势，奋起直追，从大一第二学期 2. 96 的绩点拼上上学期 4. 02，拼上专业成绩第一。“用好”就是把知识与实践活动相结合，叫上几个志同道合的朋友一起比赛，正是这第一次比赛——第六届 CIS 企业形象设计大赛，把以前那个甘于平凡的我完全打破，让我的心中烧起了奋斗之火。这次比赛作为一个转折点，让我找准了自己的定位，让我醒悟以前的我并不是真的我，其实我享受团队协作、享受努力的过程、享受得奖时的光荣。这团火燃烧起我在比赛上的战斗欲，乘着第一次比赛就获得二等奖的好势头，一直往前冲，借着管理案例分析大赛第一名的好成绩冲出学校。哪怕在比赛中，我们曾经遇到瓶颈，遇到技术难题，但是我收获的是我的改变与队友们的支持与肯定。

一个人的能力越大，责任也就越大，在经过几次的比赛后，我的真正潜力被发掘出来，正是这些能力让我在实习的路上如有了必杀技一样，一路披荆斩棘。曾在律师事务所跟人社局实习过的我，让我明白了自己的责任，我的能力不应止步于学校的比赛中，更多的该是用这能力去回报社会。

我在平凡中立志要不平凡，就是在现有相对匮乏的资源下去打磨自己，用自己的能力去发掘自己的潜能，实现自己的人生价值与人生成就，即使身处平凡也要缔造属于自己的不平凡。

岳珉

商学院，2013 级，共青团员，学习委员。专业排名为 3/196。

获奖及评优情况：

共参评优秀学生奖学金 5 次，其中特等奖学金 2 次、一等奖学金 3 次；

荣获第二届全国高校 BIM 毕业设计作品大赛“D 模块基于 BIM 施工过程管理”特等奖等国家级奖项 5 项；

荣获 2015 年度校园十榜人物“博学多才榜”登榜人物等校级奖项 2 项；

2015 年校级大学生创新训练计划项目《珠海横琴新区房地产市场调查研究》结题；

2015 年校级大学生创业训练计划项目《珠海大学生联盟旅行社出游项目》结题。

用青春磨炼生命，让生命绽放精彩

我是来自北京理工大学珠海学院 2013 级商学院工程管理专业 1 班的岳珉，大学生活即将结束，在这近四年的大学生活中，我敢于挑战自我、尝试新的事物、充实自己，从年少无知逐渐走向了成熟稳重。回忆起曾经汗水洒过的地方，有过失败，也有过成功，鞭笞我不断向更高的目标前进。

一、学习方面：课堂与课后结合，理论与实践结合

犹记得进入大学的第一个目标是要拿国家奖学金，然而实现目标不是说一句话那么简单的事情。在专业课程的学习上，要把握好课堂的 45 分钟并充分利用课后的空余时间；不仅要学好各门专业课和公共基础课，也要努力通过课外阅读、网络等其他途径拓展自己的知识面，提高自身文化素养，力求成为一个

知识全面的人。我坚信只有以一丝不苟的态度、勤奋和踏实的行动来对待学习，才能真正掌握知识，取得理想的成绩。

通过持续不断的学习，我的成绩一直保持专业前三，在大学期间，拿过 2 次特等奖学金、3 次一等奖学金；还获得“优秀学生”“优秀团员”“军训优秀学员”等荣誉称号。

二、思想方面：紧跟党的步伐，全心全意为人民服务

一个人在思想上的提高是最重要和非常必要的，只有有了正确的人生观、价值观和世界观，我们才能确定正确的人生方向，树立正确的人生目标。

入学三年来，我能够严格要求自己，遵守学校的各项规章制度，始终以校为荣、尊师重道、乐于助人，坚持从小事做起，不断磨砺个人的优良品质。我积极参加了义务献血活动，为珠海血站献血 300 mL；积极参加对弱势群体的救助和捐赠活动，为困难校友捐款 500 元，并多次参与了学校和社会上的捐赠活动。

在平时，我也十分注重自己思想政治素养的提高，除了学习有关党的各种理论知识，关注国家大事，还积极与老师，与先进的入党积极分子进行思想上的交流。在日常生活中，我时刻注意以一个党员的标准来严格要求自己。我深知自己在接下去的生活学习中将面临更加严峻的考验，自身仍有许多不足之处需要加以改进，需要以更高的标准来要求自己，真正树立起全心全意为人民服务的观念。

三、学生工作方面：勤奋务实、严谨诚信

一直以来，无论是作为班级的学习委员，还是担任工程管理教研室的助理，我始终坚持以勤恳的态度来对待工作，以微笑迎接挑战，以务实获得认可。在担任班级学习委员期间，我全心全意为班级同学服务，成立班级学习小组，切实帮助学习有困难的同学。在担任工程管理教研室助理期间，我积极协助老师完成相关工作，自身能力得到了很大的提高。在校学生会权益部的日子让我学到了如何处理学生权益纠纷问题，作为组长，主要负责带领组员与超市和食堂经理进行沟通协商，并积极协助后勤老师和校学生会其他部门开展膳食文化节、美食节等活动。曾参加过 OPPO 校园俱乐部，在这里提前收获了社会工作的经验。

在这三年多的学生工作中，取得过成绩，也出现过失误，但是每次都在老师和同学的信任与支持下，重新获得了坚持下去的信心和勇气。在服务同学们

的同时，我也注重培养自己统筹安排和组织管理的能力，社交能力和交流技巧也得到了极大的提高，并且积累了大量的工作和实践经验，这些都成为我终身受益的宝贵财富。

四、公益方面：以兴趣提高素养　培养个人情操和综合素质

我积极参加公益活动，入学以来共参加公益活动 16 次，基本上每个学年都有做相应的公益，如访老、小交警、助教、音乐节志愿者等。

五、社团方面：注重创新思维和能力的培养

多彩的社团活动是丰富课余生活必不可少的调味品，也是提高个人综合素质的有效途径。在一所学术氛围浓厚的大学里，我耳濡目染了许多优秀的学长学姐的事迹，方才明白，作为一个合格的大学生，不仅要注重学术能力的提高，还要注重创新思维的培养。

六、竞赛方面：只要不放弃，就会有希望

大一大二为提高自身能力，充分利用自己空余时间参加校内比赛，同时也获得了较好的名次和荣誉。

大三上学期，通过自己不断的努力获得校园十榜人物“博学多才榜”的十佳个人，同时大学生创新项目“珠海横琴新区房地产市场调查研究”立项成功。

大三下学期，项目结题通过。同时我参加了全国高校 BIM 毕业设计作品大赛，带领团队获得国家级特等奖。此外，我还积极参加第二届全国高等院校学生 BIM 应用技能网络大赛，并获得“基于 BIM 的协同应用”模块二等奖。正是通过这些比赛和科研项目，我的综合管理能力和统计调研能力均有了质的突破。

大学一晃就过去了，那充实而忙碌的生活，点点滴滴，印在脑海里，而一直激励我走到现在的，就是最初的目标！对于我来说，现在是终点，结束了我的迷茫期，但又是起点，开始了我的新的征程。不管曾经取得怎样的成绩，都只代表着过去，奋斗的脚步还在继续！在继续前行的过程中，可能充满各种挑战和荆棘、坎坷和挫折，但正是有了老师和同学的鼓励和支持，我将以加倍的信心和万分的努力去勇敢地面对挑战，戒骄戒躁，用辛勤的汗水和默默的耕耘去创造更美好的明天！

钟健

商学院，2014 级，共青团员。专业排名 3/207。

获奖及评优情况：

共参评优秀学生奖学金 3 次，其中特等奖学金 2 次、一等奖学金 1 次；

国家励志奖学金 1 次；

优秀学生干部 1 次、优秀团员 1 次；

第二届房地产开发经营沙盘模拟大赛二等奖。

既来之，则安之

本人钟健，男，汉族，于 1995 年 3 月 9 日出生于韶关，籍贯韶关，政治面貌共青团员。本人于 2002 年至 2008 在韶关市曲江区第三小学就读，后考入韶关市曲江初级中学，于 2011 年从该校毕业并考入韶关市曲江中学，2014 年顺利通过高考，现就读于北京理工大学珠海学院，主修工程管理专业。

回首高中，我从高一就非常刻苦，开始深刻认识到学习的重要性，对自己的约束也明显加强，不再是初中的快乐学习。高二这一年是我整个高中成绩最好的一年，多次考进年级前 50，那时候对自己的高三也有所期待，希望能更进一步。然而，在高中最为关键的一年，过度的学习导致了我的身体渐渐不适，当我意识到这个问题的时候，也只能是根据医生的建议，及时做出调整，后来，我也通过了高考。高考成绩可以说和理想中还是有一定差距，我给自己的定位是二本 A 以上，有时候考得好还能接近一本，但无奈身体是革命的本钱，两年的努力慢慢地被消磨下来。我考了个很是令人纠结的分数，读二本 B 学费太贵，家里负担不起，读专科又不甘心，考虑过复读，但家里人不同意，担心我身体吃不消。在得知高考成绩的那段日子里，我无所事事，自暴自弃，最终在家人的安慰和鼓励下，选择了读二本 B，报考了北京理工大学珠海学院。

读大学本是很让人开心一件的事，可我却很是愧疚，认为自己不争气，一手造成家里人被迫承担我昂贵的学杂费。即便是刚到学校，我也没有太多心情去领略这所大学的风采。直到一次新生专业教育会上，听了老师们对专业的介绍以及学习上的指引，还有已毕业的师兄大学生活及工作经历的分享，我顿时又充满了学习的动力，那时候我就决定：意志消沉是没用的，我可以在大学用行动去弥补过去的失误，能弥补一点是一点，甚至是工作后继续弥补，直到考取一级建造师、造价师证书，我觉得才算是完成自我救赎。

大一，我开始意识到有些方面很重要了，比如说人际关系，高中的时候，眼里更多的是学习，和同学的交流大多是讨论学习问题，觉得自己没怎么发展人际关系，所以，在某一次班会上我就毫不犹豫地竞选了学习委员一职，不过很遗憾没有能够当选，但日后也凭借与同学们相处中的积极表现，被推选为学习委员。通过这个职位，能多为同学们做事，能和他们多接触，结果，我也做到了。协助班长管理班级，积极为同学们服务，主动帮助同学们解决学习问题，曾为有挂科现象的同学补习结构力学，并且，最终他们也通过了考试。同时，我也加入了社团，我是大学生素质拓展中心的一名干事，认识了些许小伙伴。还有三个给我很大帮助的部长，不管是生活上，还是学习上，他们都很热心解答我的问题，给了我很多独特而宝贵的建议。由此我认为一个大一新生的成长离不开好的师兄师姐，所以那时我也暗自立下决心在大二以上的时候要像他们一样，当师弟师妹们困惑时，能像他们一样给出自己的想法。我曾觉得到了一定年龄该做的事是要去完成的，但是一直没有机会。一次我看到献血车驻在我们学校了，我便激动地去献了血，很高兴自己通过检查可以献血，并且过了段时间也有短信回复我的血是健康、可用的。大一，谈不上特别精彩，但回想起来也是美好的。

大二，除了保证日常的基本学习外，我还参加了一些比赛、活动，并且也总结出了个人对比赛、活动的一个看法。例如，我从刚开始参加比赛的目的是为了拿奖，功利之心尽显，再到意识到参赛并不是为了获奖，而是得到锻炼、进步、成长更为重要，拿奖是其次的。一个人，默默耕耘，到了一定时候了，奖项、荣誉自然会来找你，水到渠成，不用你找它。在最近的一次暑假，我选择了留校实习，我是北京理工大学珠海学院暑假零星改造工程的实习监理，实习让我区分了学习和工作，也深刻地认识到了自己的不足，认识到自己需要提高各方面的能力，不管是专业知识方面，还是为人处事、与人交际等方面。目前，大三这一学期也在实习，在珠海工贸专修学院担任兼职讲师，讲房屋建筑学这门课。第一节课上，由于自己没有相关经验，中职的学生也比较调皮，课堂纪律不良，和我想象的有一定差距，我开始有了退缩的念头，但一想到自己的面试历程并非顺利，而是很艰难地勉强通过，实习机会也难得，还是选择咬牙坚持下来。这次实习，更让我深刻地认识到自己专业知识还很欠缺，书本上的一些知识很难给学生解释清楚，只能照本宣科，学生基础也不太好，简单的知识也要换方式讲解多遍，这些对我来说都是不小的挑战。

“既来之，则安之。”我时常以这句话告诫自己。大学的路还在继续，我还有两年毕业，其实这两年很短，一眨眼就过去了，关键在于如何过好每一天，不能再因为过去的失误而耿耿于怀，不能自拔。

周艺

商学院，2014 级，共青团员，担任京涛海纳工作室新闻总监及公共事业管理专业教研室学生助理。专业排名为 1/102。

获奖及评优情况：

共参评优秀学生奖学金 2 次，其中特等奖学金 1 次、一等奖学金 1 次；

荣获 2016 年首届广东高校网络媒体展示节“微话校园”网文作品二等奖及“涂鸦校园”动画作品三等奖等省级奖项 3 项；

2015 年珠海市“激扬的青春”诗歌大赛优秀奖；

荣获北京理工大学珠海学院 2015 年大学生文化艺术节之第二届“迷彩造衣”军服创意搭配改造大赛一等奖等校级奖项 3 项。

对明天最好的准备就是在今天尽力而为

盛夏，白云在热浪下舒卷。又一次兴趣盎然地绕着读书岛骑行，经过水光潋滟的月牙湖，遥看云影下的图书馆，赏尽一路芳菲烂漫。转眼，这已经是第三年。

进入大学，学习始终是我最为看重的事情。从中学的被动学习到现在的主动学习、自觉学习的转变是我走向成熟的一个标志。学习是学生的首要任务，所以在学习上，我始终勤奋刻苦，成绩优异，曾获特等和一等奖学金。大学生活丰富多彩，我却从未因为其他任何事物的强烈吸引而停止过学习的脚步。

行是知之始，实践出真知。所以在学习之余，我也会参加一些校园实践活动。从京涛海纳工作室访谈中心的主任到现在的新闻总监，从负责《对话榜样》和《每周人物》两个校园文化品牌栏目，到如今主管整个工作室的新闻工作。践行之路，从无坦途，即使有过艰难磕绊也最终一一克服并一路走到现在。值得一提的是，在我任职期间，致力于传播校园优秀榜样文化的《对话榜样》

专访品牌，成功申报校园学生工作精品项目并予以立项；《每周人物》纪实品牌也成功地改版转型。

都说时间是世界上最稀缺的资源，所以我从不愿浪费时间。担任公共事业管理专业教研室的学生助理，协助老师日常工作，让我有了初涉职场般的锻炼体验，各方面的综合能力也有了显著提高。曾作为校大学生职业发展协会市场公关部的一员参与学校招生就业处组织的校园招聘会调研项目，以严谨踏实的表现获得好评，被授予校“优秀干事”的荣誉称号。忙，就是营养。这样略微忙碌又丰富充实的校园实践生活是我获得快乐的最佳营养剂。

校园毕竟只是一个小社会，但我们将来始终要成为一个社会人，踏入真正的社会。所以我会有意识地寻找走出校园的机会，积极地参加一些社会实践。在广东金潮集团有限公司担任人力资源助理的暑期实习让我第一次真正地将学习到的理论知识运用于实践，在向公司前辈请教、学习的过程中受益匪浅，个人能力有了质的飞跃，最终圆满地完成了实习任务，取得实习证明。2015 年“环中国”国际公路自行车赛的新闻采编工作让我开阔了眼界，有了前所未有的实践体验。

最小的善行敌过最大的善念。因为秉持着“赠人玫瑰，手留余香”的信条，所以我还会利用空闲时间去参加一些力所能及的社会公益活动，这样的志愿活动也经常会让我收获满满的温暖和感动。

大学四年其实是一个不断修炼、不断成长的过程。3 项省级奖励、1 项市级奖励、8 项校级奖励以及 5 个校级荣誉称号是我前两年取得的小小成绩。但就像圆一样，尽管完美，却从来不知满足。因为它知道，每一个终点，都是新的起点。而我，不完美，但也希望能在未来不断地臻于完美。

未来，实在是一个因为缥缈虚无而亘古美丽的词汇，但我始终相信，对明天最好的准备就是在今天尽力而为。

一路热浪白云，庆幸放眼所及皆青翠，偶有风过，沁人心肺。

陈嘉铭

数理与土木工程学院，2014 级，共青团员，文娱委员。专业排名为 2/157；

获奖及评优情况：

共参评优秀学生奖学金 3 次，其中特等奖学金 2 次、二等奖学金 1 次；

优秀学生干部 1 次、优秀团干部 1 次；

图书馆读者协会举办的第二届书签设计大赛获二等奖。

坚持不懈，勇往直前

陈嘉铭，女，汉族，1995 年 11 月出生，共青团员。现就读于北京理工大学珠海学院数理与土木工程学院应用统计学专业。在校期间，参加三次优秀奖学金评比，共获得 3 次优秀奖学金，其中，特等奖学金 2 次，二等奖学金 1 次；现担任我院团学会副主席一职，并担任 2014 级统计 1 班文娱委员，曾获得“优秀团干”“优秀学生干部”“院运动会 200 米三等奖”“书签设计大赛二等奖”等荣誉。

一、天道酬勤，一分耕耘一分收获

进入大学以来，我一直秉承“一分耕耘，一分收获”的理念来督促自己的课程学习。古人云，天才是 1% 的天分加上 99% 的汗水，我可能没有 1% 的天分，所以我只能用 99% 的汗水去弥补，勤奋好学、努力上进是我在学习中最大的优点，在大学的课堂中，我坚持做到上课认真听讲、下课及时完成作业，从不迟到旷课，积极配合老师的教学，经常向老师请教专业相关的基本知识，在课余时间自学本专业设计的统计软件。另一方面，我认为学习是一项工程，做好规划是一个好的学习工程师必备的能力。在自主学习中，我习惯于对近期做一份学习规划，完成一项即删除一项，这种删除快感也是我学习的动力所在。

功夫不负有心人，在老师、同学的指导和帮助下，我取得了优异的学习成绩：2014—2015 年第一学期获得奖学金二等奖、2014—2015 学年第二学期获奖学金特等奖、2015—2016 学年第一学期获奖学金特等奖，取得阶段性的进步。在课外时间，参加过 2016 年全国大学生数学建模竞赛。

二、牢记责任，细致创新

从大一入校以来，我担任班级文娱委员，筹划两次班级表演小品，获得大家一致好评；除此之外，密切联系其他班干，以身作则，解答同学们学习上的疑问，在 3 次奖学金评比当中，我班获得奖学金的名额超过其他班；同时，我加入学院团学会，从大一兢兢业业直到现在，现担任副主席一职。在两年的工作期间，我成功策划并举办了多次迎新晚会、圣诞元旦晚会、毕业晚会，带领同学们积极参加学校、学院举办的活动。

在工作上，我是一个公平公正、认真负责的人，在对待任何工作，简单偷懒不是我的作风，追求更好是我的目标；细致是我的标签，我善于观察工作中细微之处，发现不足并加以改进；与此同时，创新是我工作的动力，我喜欢让自己的创意付诸实践并得到大家的认可。

由于在工作中的优异表现，我被学校授予“优秀学生干部”“优秀团干”等荣誉称号。

三、思想端正，拓展实践

在校两年期间，我思想端正，态度积极，坚决拥护中国共产党纲领，积极向党组织靠拢，诚实守信，严格遵守各项规章制度，并且在 2016 年被定为入党积极分子，随后被评定为发展对象。我积极响应学校号召，热情投身于社会实践，在社会中锻炼自我，在实践中提升自身素质。

我先后多次参加党支部组织的活动，在 2016 年 7 月份，积极响应学校大学生党员暑假实践项目的号召，组织并参加数理与土木工程学院大学生党员调查小队，前往韶关开展以“基于多元统计分析视域下的红色旅游需求及其面临的困境”为课题的调查报告。在此次韶关之行中，我深刻学习到伟人在抗日战争时期的丰功伟绩和大无畏精神，我怀着仰慕之情，学习革命伟人的伟大传记，这让我受益匪浅，愈发增强了加入中国共产党的决心。在此次社会实践中，我们对韶关进行红色旅游的调查，并细心听取游客对红色旅游的建议以及录制有关视频，将最终作品送至学院并参加了校外举办的两个比赛。

在课余期间，我想通过自己的努力，减轻父母经济上的负担。我陆续做过杂工、淘宝理货员、办公室职员、房地产销售助理等工作。除了勤工俭学，这些经历可以让我更贴近社会，更加了解社会的生存法则，让我学会了如何与人沟通，学会了如何向别人展示自己。在往后的勤工俭学中，我将更注重专业知识的实践，向我的职业规划方向努力。

四、热爱生活，全面发展

我兴趣广泛，积极乐观，对生活充满了热爱。在空闲的时间，曾自学 Photoshop、Premiere Pro CS6 等兴趣软件，将生活中的人和物拍摄制作成图片或者视频。在大学期间，曾参加学校图书馆读协协会举办的第二届书签设计大赛荣获二等奖。

为了在学习之余放松心情，有更好的激情和活力投入学习中，我常练习长跑、打羽毛球、游泳等运动技能。这些运动不仅充实了我的大学生活，还起到了强身健体的效果。在 2015—2016 学年我院举办的运动会中，我获得 200 米跑季军。

五、自强不息，奋斗不止

大学生活已来到第三年，回顾前两年，虽获得学习上的奖学金多次，却缺少一些竞赛经验。大学生本不该自怨自艾，过去的毕竟已经过去，一切的成绩终究都会成为浮云，在仅剩 600 余天的大学生活中，我仍将努力拼搏，朝着自己憧憬的方向努力，不断地提高，不停地挑战，相信自己：是金子，总会发光的！

陈杰

数理与土木工程学院，2013 级，中共预备党员。专业排名为 3/93。

获奖及评优情况：

共参评优秀学生奖学金 5 次，其中一等奖学金 3 次、二等奖学金 2 次；

优秀学生 2 次、优秀团员 2 次；

2014 年全国大学生数学建模竞赛广东省赛区二等奖；

2015 年美国大学生数学建模竞赛国际三等奖；

2015 年校数学建模一等奖；

2015 年校第三届校园学术科技节 SAS 软件比赛最佳专业奖；

校首届“青年与国家——党员先锋故事汇”比赛三等奖。

一分耕耘，一分收获

我叫陈杰，男，汉族，中共预备党员，北京理工大学珠海学院数理与土木工程学院 2013 级应用统计学专业学生。曾担任数理与土木工程学院团学会副主席兼团总支副书记、2015 级新生班主任、班级生活委员等职务，2015 年度校园十榜“博学多才榜”登榜学生，多次获得校优秀学生一等奖学金，多次被评为“优秀学生”“优秀团员”“优秀学生干部”，获得包括 2014 年全国大学生数学建模竞赛广东省二等奖、2015 年美国大学生数学建模竞赛国际三等奖、2015 年第五届数学建模校内赛一等奖、2015 年学校首届“青年与国家”——党员先锋故事汇三等奖在内的 21 个奖项。

时光荏苒，转眼间已经度过 3 年的大学生活，回首这三年所经历的酸甜苦辣，我感到很幸福也很幸运。在这三年的学习中我要感谢学院的各位老师和同学们对我的支持和关怀。经过这三年的努力，现在，我已经在各方面都获得很大的提高。不管是在思想还是学习方面、工作还是生活方面，我始终都保持乐观积极向上的态度，时时以更高的标准来要求自己，妥善处理好学习与工作两者之间的关系。三年来，我一直坚持追求全面发展的自己，我始终相信坚持是直挂云帆的关键，只有长期不断地坚持下去，才能使自己变得更加的优秀。

在思想上，热爱祖国，诚实守信，积极向党组织靠拢，在大一时就向党组织递交了入党申请书，大二参加了党的培训课程，学习了党的章程，也通过了党组织、老师、同学的考察，成为一名优秀的入党积极分子。然而，我并不满足于现状，我的目标是成为一名优秀的中国共产党党员，用自己的实际行动回报党，用党员的身份严格要求自己，保持与时俱进。我认真学习党的工作路线，积极进取，树立了良好正确的人生观、价值观和道德观，如今我已经是一名中共预备党员。

在学习上，我认为自己最大的优点是学习目标明确，学习态度端正，勤奋好学，努力上进。我坚信“一分耕耘，一分收获”，本着刻苦勤奋的原则，脚踏实地。自从进入大学以来我就特别注重理论和实践的结合，无论是在理论课还是实践课，都专心听讲，积极思考，遇到疑难及时向同学或老师请教，直到弄懂为止，对专业性的知识更是刻苦钻研，一丝不苟，2015—2016 学年度总评成绩排名班级第一，多次获得优秀学生一等奖学金，并且在参加各项竞赛方面取得了优秀的成绩。

在学生工作上，我曾担任数理与土木工程学院团学会的副主席兼团总支副书记。对于各项规章制度都不是很完善的团学会，我尽自己的一份力量去建设团学会，完善各项制度，使团学会越做越好，走上正轨。看着发展得越来越好的团学会，我感到很欣慰，这是对自己付出的努力最好的肯定。而作为 2015 级新生班主任的我，除了完成各项班级工作之外，更多的时间是以师兄的身份和他们相处，乐于解答同学们的各种问题。当然，同时担任副主席和班主任有时候就会忙得不可开交，记得在迎新工作时，因为两边都有任务需要完成，所以我是提前 5 天回到学校筹备各项工作，虽然很累，但是当迎新那天看到新生和家长们脸上满意的笑容，就觉得自己的付出非常值得。

在社会实践方面，于 2015 年暑期，参加暑期社会实践校级分队，由思政部的老师带队前往贵州进行为期 5 天的社会实践，通过这几天的实践，使我能够更好地去了解贵州的乡土风情，所写的实践报告也被评为优秀报告。在社会实习方面，今年 3—5 月份在珠海高新区创业服务中心担任数据统计员一职，7—9

月份，在珠海天威新材料股份有限公司担任数据分析师实习生一职，积累统计方面的社会工作经验，使自己能够更好地了解本专业工作，同时也获得实习证明。而专业为应用统计学专业大数据方向的我，和两位伙伴成立了一家数据分析公司，目前已经入驻创业科技园。而团队接手的第一个数据分析项目正是省教育厅学生资助中心“关于广东省高校学生资助情况分析”项目，为团队挖到了第一桶金。我相信，数据分析公司在全体成员的不懈努力与学院、学校的支持下，一定能够发展壮大，闯出一片属于自己的天地。

总的来说，在这三年的学习生活中，让我成长了许多，收获了许多，也前进了许多，虽然称不上硕果累累，却也可以说是取得了一定成绩。我觉得以后的路更长，这点小小的进步是微不足道的，只有不断地学习，不断地进步，才能使自己的人生更有价值，更有意义。

陈玉云

信息学院，2014 级，共青团员，学习委员。专业排名为 10/314。

获奖及评优情况：

共参评优秀学生奖学金 3 次，其中特等奖学金 1 次、一等奖学金 1 次、三等奖学金 1 次；

2015—2016 学年度国家励志奖学金；

参与安联锐视创新项目《基于 stm32 远程控制智能家居》等 2 项项目；

2016 年美国大学生数学建模竞赛国际三等奖；

全国机器人锦标赛暨国际仿人奥林匹克大赛仿真机器人足球 fira5v5 二、三等奖，fira11v11 二等奖等国家奖项 2 项；

荣获第六届机器人大赛循迹组一等奖等校级奖项 3 项；

获得“一种基于特征匹配与运动补偿的视频稳像方法”等 2 项专利。

不忘初心，追逐梦想

“没有一颗心会因为追求梦想而受伤，当你真心想要某样东西时，整个宇宙都会联合起来帮你完成。”

陈玉云，广东汕头人，2014 级电气工程及自动化专业学生，担任信息学院毅恒团队队长、科源团队队长、班级学习委员。

曾参评 3 次校级优秀学生奖学金，获得特等奖 1 次、一等奖 1 次、三等奖 1 次，被评为校级优秀团员 1 次、优秀学生 1 次、优秀干事 1 次；荣获 2015 年校园十榜之创新榜、安联锐视创新奖学金、国家励志奖学金，获国际级比赛奖项 1 项、国家级比赛奖项 4 项及院校级科技比赛奖项 7 项。参与的科研项目有：安联锐视创新项目“基于 stm32 远程控制智能家居”（负责人），教师科研项目“基于机器视觉的颜色识别技术在自动化生产系统中的应用”。目前主要在研究机器视觉的工业应用。

浪再高，也在船底；山再高，也在脚底

当技术宅是我从小到大的梦想，因为能泡在实验室里面做自己喜欢的东西。当这个梦想我已经实现后，我又梦想着去当一名工程师。我从小就对电子器件很感兴趣，家里能拆的电器都被自己拆过了，所以进入大学后，我很快地就习惯于泡实验室的生活。我喜欢与队友们一起参加比赛，一起熬夜赶作品的过程。有时为了完成一个参赛作品连续三四天不眠不休，但为了做自己喜欢的东西，这些付出都是值得和不会令人困倦的。而且，我们是一个团队参赛，并不是我一个人，所以为了不坑队友，我也要撑下来。

工程师之梦，若想让它成为一座坚不可摧的城，并不仅仅是历经三四天呕心沥血就能建成的。但有时候为了参加比赛，团队在放假期间是要留校做作品的。去年暑假和今年寒假，我只有半个月是待在家里的，其他的时间我都和队友们在实验室里为比赛做准备，那段时间真的很累，睡也睡不饱，特别想家，但是回不去呀，我不能坑队友。最后我完成了作品，回到家，一天最多能睡上24个小时，那时候妈妈还以为我生病了，其实不是，我只是太疲倦了。

我想成为一个有毅力、有恒心的人，是因为受到了一位老师的一句朴素而又实在的语言的启发："走一步，再走一步。"回想起大一的时候，我当时有一个外号，叫"赤脚大仙"。其由来是在大一院运会的时候，我在一天之内赤脚跑完了一个200米短跑项目和400米、800米、1 500米的三个长跑项目，并取得了1 500米第2名，400米第4名的佳绩。我用自己赤裸裸的双脚，奋力地跑过了所有认为正确的，而又艰苦遥远的路途。

成于团队，回馈团队

毅恒团队和科源团队对于我来说很重要，团队给了我很大的帮助，没有这两个团队就不会有今天的我；进入大学到现在最美好的回忆就是和队友们一起泡实验室；在我最苦最累的时候，是团队这个大家庭给了我力量，让我坚信自己的道路，努力走下去。

我从未停止逐梦，《牧羊少年奇幻之旅》中牧羊人有一段话我很喜欢："一路上我都会发现从未想象过的东西，如果当初我没有勇气去尝试看起来几乎不可能的事，如今我就还只是一个牧羊人而已。"

我现在已经是这两个团队的队长，身上多了一份责任，在毅恒团队负责搞机器人足球项目的时候，为了挑选出好的人才，每个星期不断地给他们上培训，不断地考核，最后所带的两组在今年暑假的全国机器人锦标赛中闯进全国前8强。我在将自己所学到的知识毫无保留地传授给师弟师妹的过程当中，也使自己的思想不断升华。未来，我会一直坚持发展和壮大我们的团队！

回顾往事，我无悔无憾；展望未来，我信心百倍

来大学后，我就有了一个总体目标——把技术学好！我从大一就开始泡实验室，实验室已经成为我另一个家。今年大三了，我想把团队带好，把技术学好。毕业后我希望我的工作是我喜欢的技术类的工作，并且有一定的发展空间，毕竟我不喜欢一成不变的东西，想尝试很多新的事物，学习很多新的知识。

开心，奋斗，无怨无悔

“开心，奋斗，无怨无悔”是我对一个真正有意义的、没有虚度光阴的大学生活的阐述。“大学，青春是资本，拼搏是主旋律，太累了就玩、睡觉、吃好吃的，等心态调整过来了就继续埋头苦干！”我觉得男生和女生的思维逻辑能力并没有很大的区别，所以不要老用“工科女没有工科男强”“工科女出来社会找工作的时候会受歧视”这样的想法束缚自己。这一行，女生确实是少，但终究还是看实力说话的，所以做这一行，太矫情也是坚持不下去的。

每一个逐梦者的道路都是崎岖的，但是绳锯木断，水滴石穿。所以努力向上吧，星星就躲藏在你的灵魂深处！做一个悠远的梦吧，每个梦想都会超越你的目标。

邓栋方

信息学院，2013级，共青团员，担任信息学院实验中心助理。专业排名为1/283。

获奖及评优情况：

共参评优秀学生奖学金5次，其中特等奖学金1次、一等奖学金4次；

信息学院安联锐视创新基金奖学金1次；

2014—2015学年国家奖学金；

受邀参加国际会议——2016 6th International Workshop on Computer Science and Engineering（WCSE 2016）等国际、国家会议3次；

荣获美国大学生数学建模竞赛（MCM）国际三等奖等国际级奖项3项；

申请实用新型专利“基于NRF的可远程控制SOE测试信号发生器”发明专利1项；

参与国家级“大学生创新创业训练计划项目”《智能四轴飞行器》（项目负责人）等课题研究4项；

荣获全国大学生数学建模竞赛广东赛区二等奖等省市级奖7项；

2015年北京理工大学珠海学院信息学院“最佳创新奖”等其他奖项6项。

为梦而战——我的常春藤大学梦

哥伦比亚大学是美国8所常春藤盟校之一。目前，我正着手申请哥伦比亚大学电气工程专业硕博连读。这就是我的常春藤大学梦，我一直在努力，为梦而战！

（一）第一战，为雄心壮志而战

我的一位哥哥是美国耶鲁大学毕业生，现在在硅谷工作。在和他的交谈中，我逐渐明白了：这世界绝不止眼前的苟且，还有诗和远方。

我还有幸获得了联合国同声传译员 William 先生等众多业界前辈面对面的指点。William 先生告诉我：一个人的眼界决定他的高度，而目标是随着你实力的变化而变化的。当你累的时候，可以想这样一句话：因为我的未来和别人不一样，所以我的现在和别人不一样。Just do it！天空才是你的极限！随着自己眼界的开阔，在不断的思考和实践中，我决定去哥伦比亚大学深造，成就我的雄心壮志。而我大学的经历，也都是为雄心壮志而战、为梦而战的过程！

通过向已经毕业的师兄师姐们请教，他们说他们所在的工作不仅仅需要专业技术好的人，更需要拥有综合能力的人才。因此，为了提高自己的人文素养和综合素质，我穿梭于北理工和北师大之间，至今，坚持旁听了 30 余门通识选修课。当别人还在睡梦香甜的时候，而我已经踏上了追梦的道路。

（二）第二战，为科研竞赛而战

我的专业是电气工程及其自动化。在日常学习中，要将理论与实际相结合，才能真正学以致用。我在大一就加入了信息学院四大科研团队，每天除了上课就泡在实验室中学习，有时为了攻克难关，甚至通宵达旦在学习。为了自己的梦想，也为了科研和竞赛，大学的整整两个暑假我都没有时间回家，都是父母来珠海看我的。

在大二的暑假，我作为队长及学生负责人代表学校参加全国大学生电子设计竞赛。比赛是在 2015 年 8 月，4 天 3 夜，一共 96 个小时。在这期间，为了珍惜时间完善作品，我们一步都没有离开实验室，我和两位队友每人只睡了不到 10 个小时！那个时候，我才真正懂得了什么是信念的力量、团结的力量、坚持的力量。功夫不负有心人，最终我们团队击败了众多 985、211 高校，取得了优异的成绩！其实，当我们为了一件事情而废寝忘食、悬梁刺股的时候，无论结果是什么样的都已经不重要了，因为奋斗的这个过程，才是我们人生中最宝贵的财富。这世界上所有的美好都源于坚持，而希望总在看似没有希望时出现。

我同样重视创新的传承。我组织策划、举办了多项科研竞赛，并为参赛选手进行培训、答疑，以培养他们对于信息科技的浓厚兴趣并提高他们的实践能力，带领更多的师弟师妹们投身于科研和比赛之路，为学院、为学校争光！

（三）第三战，为公益创新而战

我的大学不仅仅只有眼前的科研和比赛，还有公益与创业。

我是校青协、自强社的常客，每当有空的时候，我总会去参加公益活动。我经常会没有报上名但依然义务去做志愿者，因为态度认真、乐于助人，多次被评为公益小标兵。

在大二时，我和几位志同道合的师兄一起创立了源梦科技创业团队，并成为首批入驻珠海市北理工创业工场创业孵化基地的团队。源梦科技致力于研发智能四轴飞行器，我在团队中负责管理决策及资源的整合。为了将我们团队的四轴飞行器进行准确的市场定位和创新点分析，在大二下学期的一周内，我先后走遍了深圳、广州等多家成熟的四轴飞行器企业，和其中的一些师兄们进行交流和学习，对整个四轴飞行器的市场有了较为准确的了解。因为我撰写的商业计划书设计理念新颖，市场定位准确，为我们团队先后获得国家级、省级、校级和企业的经费支持近十万元，该项目现已进入专利申请阶段。此外，我通过自己的努力成功参加了北京大学创业训练营，与成功的企业家们共同学习交流，进一步了解了创业过程中的酸甜苦辣，为自己今后可能的创业之路打下了坚实的基础，并获得了北创营总经理颁发的实习 Offer。

这些经历使我的实践能力有了很大的提高，也使我离我的常春藤大学梦更近了一步。

结束语

我人生中最庆幸的一件事就是我选择了北京理工大学珠海学院信息学院，是它伴我成长，给我机会，助我成功。其实，人是有能力改变环境的，但前提在于先改变你自己。因为我的未来和别人不一样，所以我的现在和别人不一样！

最后，我将“为梦而战”这四个字送给大家，希望我们都能坚持自己的梦想，不忘初心！

邓文静

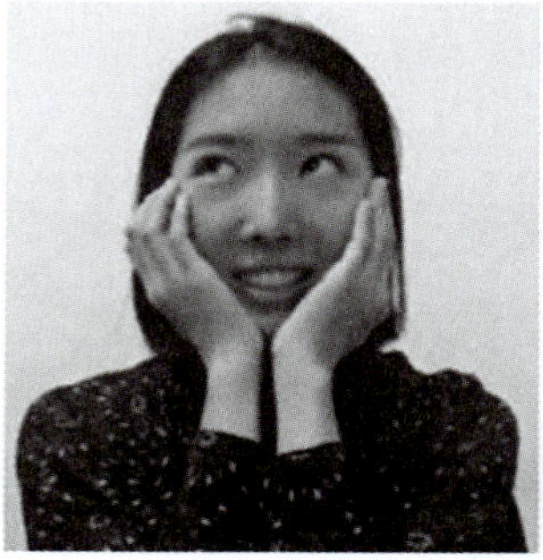

设计与艺术学院学生，2013 级，共青团员。专业排名为 1/103。

获奖及评优情况：

共参评优秀学生奖学金 5 次，其中特等奖学金 1 次、一等奖学金 3 次、二等奖学金 1 次；

优秀学生 1 次、优秀团员 1 次；

国家励志奖学金 2 次。

第 三 人 称

22 岁，正值风华正茂；22 岁，人生之分水岭。

如果说人的平均死亡年龄是在七八十岁，22 年，已然是度过人生的 1/4。看过这么一段话：“人呢，一天一天地老去了，长年还丧魂失魄似的东荡西荡，也许生活的结束才是归宿。”这一生终究是有那么几个梦是要碎的。

1995 年腊月初四的凌晨 2 时 10 分，随着一声哭啼，一个女婴呱呱坠地，从此开启她的人生。

亲人，就像是带着某种宿命般的味道，是我们一辈子还不清的债。我们总爱以一种玩笑的方式来掩饰自己想要隐藏的某种缺失。

谁说离婚证是“绿色”的小本子

初三那年无意中发现那本红色本子，清晰的“离婚”二字。直至前年才知晓，并非是亲人去世才称之单亲家庭，父母离婚也被归为单亲家庭一类。

生活的清贫，加之身体虚弱，她刚出生十几天，便被送到远在他乡的姥姥家，与姥姥姥爷相依为命，度过了无忧无虑、天真无邪的两三年。

再回到父母身边，由于年幼懵懂，孩童时期的记忆有些混乱。

虽说已离婚，但好长一段时间，他们仍生活在一起，为的是不影响孩子正常的生活。殊不知她早就发现了这个秘密，他们背着她吵架，她配合着他们生活在大人营造出来的父母恩爱的假象里。

小学、初中就读于小城镇，离家近。小学时常常是独自步行上学，初中则与三两好友结伴骑行，放学后到处溜达。她学习中上等，常常得到老师表扬，家庭的不美满并没有影响学业，想必也是遗传了妈妈的要强。妈妈在家里常常是扮演严母角色，对她要求严格。小时候不懂事，只觉得母亲严厉，羡慕别人家的孩子，有慈爱的母亲。长大后回想，现在的她拥有良好教养与素质、有责任心、独立，都与那时母亲的严厉脱不了关系啊。

那年，妈妈风韵颇佳，盛气凌人

初中毕业，从此踏上艺术生之路。三年来，她起早摸黑地学习文化课，加之学画画，付出的努力要比普通文化生多几倍。

总是少那么点运气，联考落败。她原本是大家都看好的学生，到头来却是辜负了所有人，只考上二本。那时候，面对昂贵的学费，她产生了辍学的念头，是妈妈毅然坚持着，认为女孩子就该读多点书，将来靠自己更为实在。

那年，妈妈风韵颇佳，盛气凌人，孤身揽下所有责任。是妈妈平时省吃俭用供着她完成学业。

这些年，她脚踏实地，奋发图强，频频获得优秀的成绩及“三好学生”等荣誉证书。这样的努力，一来为不辜负妈妈的良苦用心，二来渴盼以后能过上自己想要的生活。以前是妈妈养她，以后她要养妈妈。

妈妈是一颗定心丸

临近毕业,难免会开始对未来迷茫。毕业后就业的方向，去往哪一座城市，皆是未知数。焦虑在所难免。妈妈却总是能一一为她说明未来局势，每一通电话都似一颗定心丸，让躁动的心不再焦虑不安。

地阔天高，趁着年轻总要去闯一闯，才不枉此生。最糟糕不过是再来一遍，现在已经穷得没什么可以输了，只剩下青春，青春不输出去也是浪费掉，何不赌一把？结果不一定如愿，但也不至于会太糟。

愿我们如没有牵挂的梅花鸟，飞得更远更高。

杜惠芬

航空学院，2013级，群众，学习委员。专业排名为3/201。

获奖及评优情况：

共参评优秀学生奖学金5次，其中特等奖学金1次、一等奖学金2次；

优秀学生1次、优秀团员1次；

回访母校活动优秀奖；

简历制作大赛优秀奖。

我 很 努 力

我叫杜惠芬，女，出生于1995年5月2日，现在是北京理工大学珠海学院航空学院2013级飞行器制造与维修3班的一名学生。在本科三年里我一直在班里担任学习委员，一直在学习上起着带头的作用，提高我们班的学习气氛，带领着我们班的同学一起学习。在本科三年的学习里，我始终保持着积极向上，刻苦钻研的心态，以高标准要求自己的同时，妥善处理好学习和工作之间的关系，努力做到全面发展。

在学习上，我坚信，要想获得的比别人多，就要付出的比别人多。所以我放弃了许多游玩、逛街的时间，钻进图书馆、自习室，从专业课本到课外读物，努力吸收那些以后能用得上的知识和信息。而且由于我抱着强烈的求学欲望，所以在学习上取得了比较理想的成绩。我在2015—2016学年的学习平均绩点达到了4.33，在全年级排名第3，在电子方向排名第1，并获得了校特等奖学金；在2014—2015学年获得了两次一等奖学金和冯如奖学金三等奖。在大一下学期通过了英语四级（464分），在大三下学期通过了计算机二级C语言（81分）。

在担任学习委员一职的时候，我努力做到事无巨细，抱着认真负责的态度来对待这一份工作。我努力协助老师完成课堂上的内容，认真听好每一次课，力求把每次课的内容都充分地理解，积极向老师提问，从而获得了扎实的专业知识；到了下课的时候我会及时把课后作业和课件放在群里以供同学们课后学习，也会主动与大家交流上课内容和学习方法，取长补短共同进步，还会不定时地向老师反映同学们的上课情况以方便老师调整上课模式。

除了在学习上刻苦学习以外，我在课余生活里也积极参加学校各种各样的活动，我在寒假母校回访活动和学院举办的简历制作大赛里面取得了优秀奖；在2014—2015学年度被评为“优秀学生”，2015—2016学年度被评为“优秀团员”。而且我积极参加公益活动比如天佑楼善行，携手爱心，共建暖冬活动等等，在2015—2016学年一共参加了26次公益活动。我还是航空学院排球队的一名成员，在训练期间我都积极参加每一次的训练，力争可以上场为学院在比赛中取得佳绩。

在大三下学期，我参加了学校的党课教育而且通过了考试，现在成为一名党员发展对象，在党课的学习中我的思想觉悟也得到了提高。

在实践这方面上，我也没有落下。我在2016年6月份的时候顺利通过了广州飞机维修工程有限公司（GAMECO）的面试，从8月份就开始了自己的实习生生涯。在之前的寒假和暑假我也没有让自己空下来，我每天都去爸爸的公司里工作，帮忙做一些力所能及的事情，以此为自己积累丰富的工作经验和掌握与别人相处交流的技巧，为毕业以后自己的职业生涯打下坚实的基础。

杜加意

外国语学院，2013 级，共青团员。专业排名为 2/334。

获奖及评优情况：

共参评优秀学生奖学金 5 次，其中特等奖学金 4 次、一等奖学金 1 次；

全国高校商业精英挑战赛一等奖；

广东省外研社杯英语写作大赛三等奖；

荣获外研社杯演讲大赛（北理工赛区）冠军等校级奖项 2 项；

在第六届“澳门商骄”英语演讲比赛中获得冠军及一等奖。

生命中普通的一天

2013 年 9 月，沐浴在珠海的阳光下，刚刚满 18 岁的我便踏入了北京理工大学珠海学院的大门。直到四年以后，当坐在午后的图书馆里，又想起那个手持录取通知书衣服被汗水浸湿的遥远的早晨，才发觉：什么时候决定读大学，什么时候选择自己想读的专业，什么时候决定参加第一场比赛，什么时候决定认真准备第一次考试，其实都是命运的巨变。只是当时站在三岔路口，眼见风云千樯，自己做出选择的那一日，在日记上，相当沉闷和平凡，当时还以为是生命中普通的一天。

可以说在大学里面，失败才是主旋律。从第一次在辅导员和老师的带领下进行室外早读到第一次在课堂上用英文回答问题，从第一次在院运会上拿下名次到为外院篮球队披挂上阵，从第一次拿到校级一等奖学金再到 4 次特等奖学金，从第一次参加比赛连首轮都没过到后来的校级、市级一等奖再到国家级的一等奖，从花一年半时间准备一场考试的焦躁不安到后来两个星期内参加两个比赛、两个考试的从容面对，有多少在纸上的轻描淡写和从容不迫，就有多少无人能懂的不快乐与挫折。大学，至少我的大学，过得远没有其他人认为的那么好，更多是压力和与对压力的抗衡。在这个过程中会产生许多问题、许多矛盾，这些问题的答案很复杂，不见得立刻就有答案，这些问题的答案不断变化，需要自己和世界的样子互相对照，不断地追问，又在不断地追问后自我塑造。

就如同我最喜欢的知友说的一样：世俗的选择永远都会给努力的人以入口，也永远都会给想要离开的人以出口，只是你要付出相应的代价。认识自己这件事，越早开始越好。就像自己参加的全国高校商业精英挑战赛一样，一开始并没有打算要加入商院同学的团队，当时的手头上有 BEC 高级商务英语的考试，而且还有更难的 CATTI 人事部二级笔译证书，两个比赛分别在周六和周日、珠海和广州进行，另外在两地奔波每天只睡 7 个小时的情况下，三天后就要乘机前往浙江宁波参加全国商务精英挑战赛国际贸易类竞赛，其中涵盖会展布置，产品发布，商务英语磋商，全程全英交流，几乎没有休息，要站足一天。当然回来后的周末再参加一个院级的翻译比赛就显得轻描淡写了。有时候事情忙不过来，总会安慰自己：这是最后一个比赛了，这是最后一个考试了，其实心里很清楚，没有什么是说定了的，也没有什么是必须要拥有的，工作完总会有工作，抗压后还要再抗压，真正能做到的，只有不断地去接受自己，肯定自己，这才是人生最重要的事情。我是谁，我的性格如何，我有什么缺点，我能否改掉自己的缺点，如果改不了我要如何应对，我适合做什么，我喜欢或不喜欢什么样的生活方式？对这些基本问题的缺乏思考是我们目前最大的缺失。残酷的社会压力逼迫我们通过复制所谓的成功道路来获取社会资源，而完全忽视了人的内在动能才是决定自己位置的根本因素。热爱一份事业，那就去做，想要一样东西，那就去追，不停地对人性和渴望的压抑才是所有平庸与罪恶的根源。

这篇自传也一样，如果只是对获奖的简单罗列而完全忽视对过程的描述，如果只是对自己成果的吹捧和赞扬而没有真实地反映生活与思维，那就像是杂技团里的小丑一样，每个人都会为他鼓掌，但永远不会有人去在意面具下的那个人是谁。

罗建鑫

计算机学院，2013 级，共青团员。专业排名 1/269。

获奖及评优情况：

共参评优秀学生奖学金 5 次，其中特等奖学金 2 次、一等奖学金 2 次、二等奖学金 1 次；

励志奖学金 2 次；

优秀学生；

“北京理工大学珠海学院计算机学院第三届 C 语言程序设计挑战杯”三等奖；

第六届北京理工大学珠海学院大学生程序设计竞赛暨 ACM 校内选拔赛优胜奖；

北京理工大学珠海学院 2014 年图书馆知识竞赛三等奖。

平凡的我

我叫罗建鑫，出生在广东省汕头市一个平常人家。我很平凡，没有显赫的家世，也没有极为突出的才能或者天赋。和千千万万的普通人一样，我的生活波澜不惊，平平常常。我虽平凡，但并不平庸。我坚信，“越努力，越幸运”，平凡的人也能凭借自己的努力让自己活得更加精彩。

2013 年 9 月，作为千千万万大学生中的一员，我进入了北京理工大学珠海学院计算机学院。刚进大学的我，和很多大学生一样，陷入了迷茫中。我不清楚自己未来想做什么，也不知道自己该如何度过接下来的大学四年，就这样，我浑浑噩噩地度过了大一的前几个星期。突然有一天，我意识到，这样随波逐流、得过且过的日子是没有什么意义的，我应该给自己设定一下目标，制订一下大学期间的计划。我设定的大学目标是，在大学期间学习到丰富的专业知识，同时和同学打成一片，交到更多志同道合的好友。在确定了目标后，我的大学生活正式步入正轨。

大一的生活看似比较轻松，但其实这是一个为未来大二、大三打好基础的重要阶段。在学习上，我的平凡显露无遗，在众多学习天赋极强的同学面前，我显得非常普通。而这导致的结果就是，我要在课后花费更多的时间去学习他们在课堂上就已经理解的知识点。我所能做的，就是不断依靠自己的努力，去缩小乃至抹平自己与他们之间的差距，虽然这并不容易做到。大一时候的我，更多时候是在图书馆或是在走去图书馆的路上。付出总是有回报的。

大二是大学中一个非常重要的阶段，在这一年里，我继续着忙碌且平凡的生活。同众多中国大学生一样，六级成了我在大二期间一个重要的坎。在英语这一块，我也并没有什么天赋。我能做的，就是每天坚持背单词，坚持做题，坚持进行听力练习。终于，在经过一番努力之后，我顺利通过了大学英语六级考试。在大二这一年里，我获得了“2014—2015 学年第一学期北京理工大学珠海学院优秀学生特等奖学金”“2014—2015 学年第二学期北京理工大学珠海学院优秀学生一等奖学金”以及“2013—2014 学年度国家励志奖学金”。这一年更大的收获还在生活上，在这一年里，我结识了许多志同道合的好友，同时参加了许多公益活动，这让我的课余生活也变得更加丰富多彩。

进入大三，繁重的专业课程扑面而来。和众多大学生一样，在大三之后，我将迎来残酷的就业竞争。为了提升自己的竞争力，这一年我将全部精力放在了“软件设计师”的备考上。通过自己的努力，我顺利通过了这个考试。而在这一年里，我还获得了“2015—2016 学年第一学期北京理工大学珠海学院优秀学生二等奖学金”“2014—2015 学年度国家励志奖学金”。

这就是进入大学三年以来我的生活，平凡的生活。我不十分出众，没有突出的天赋或才能，在众多平凡的大学生中都能看到我的影子。但是我相信，只要你努力，你就能离优秀更近一点，哪怕真的只是一点，那你也值得尊重，因为你奋斗了，无愧于己，无愧于心。也许接下来我仍然只能走在“平凡之路”上，没有耀眼的成绩，没有杰出的成就，但我仍将全力以赴。因为我觉得“平凡之路”，也可以走得很精彩。

邱文进

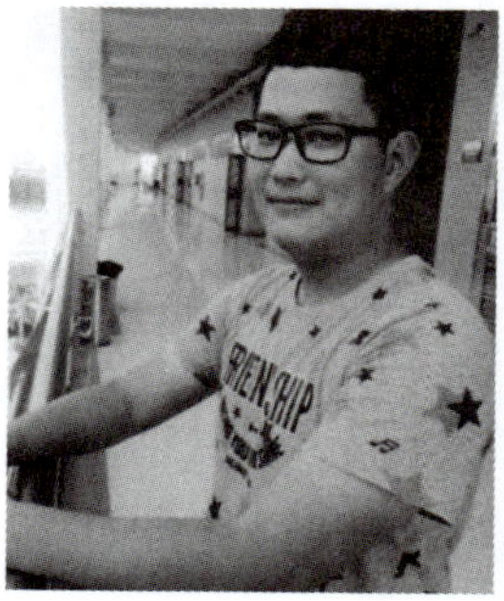

计算机学院，2014 级，共青团员。专业排名为 1/279。

获奖及评优情况：

共参评优秀学生奖学金 3 次，其中特等奖学金 1 次、一等奖学金 2 次；

优秀学生干部、优秀团员、优秀团干部；

2016 年第七届“蓝桥杯”C/C++程序设计全国总决赛二等奖；

2016 年第七届“蓝桥杯”C/C++程序设计广东省比赛一等奖；

2016 年第四届 ACM-ICPC“双北杯”暨校内选拔赛三等奖。

一个乐于分享的极客

成功没有捷径。你必须把卓越转变成你身上的一个特质，高标准严格要求自己，把注意力集中在那些将会改变一切的细节上。变得卓越并不艰难，从现在开始尽自己最大能力去做，你会发现生活将给你惊人的回报。

——乔布斯

回想那年，充满感动

2014 的秋季，邱文进来到北京理工大学珠海学院，对大学校园生活的好奇、对大学课堂学习的期待和对即将到来的各种事情的挑战，他有着无尽的激情和美好的憧憬。很快，他发现大学生活和高中完全不一样，以前三点一线的日常路线，大学却是自由而弹性的生活时间。文进很会利用课余时间去图书馆提前学习课本的内容，遇到问题时除了课下找老师解答难题之外，还去找高年级的师兄师姐交流方法，他想尽快融入软件工程这个专业，然后学习更多的编程技术。

网络管理协会是他第一个加入的社团，从未接触过社团事务的邱文进在这个校级社团里面屡屡碰壁，这是一个为全校的师生提供网络维修管理和电脑技术支持服务的社团，所以对菜鸟级的他是一个非常大的挑战，除了要学习基础计算机网络维护技术，还要对礼仪非常重视，即使不能即刻解决问题也要礼貌地为同学服务。“也许很多人见过我，但更多的是我奔跑在走廊和网络机房之间的身影。”回想那时在社团中为学校师生做的贡献，他感叹着，“我很感激他们给我机会去为他们出一份力，也感谢这个社团对我的交流和沟通能力的锻炼。”

是个极客，是个班长

文进的编程技术在院里面是数一数二的，但在起初他敲键盘的速度还没别人玩游戏的速度快。如今，他写代码已经非常熟练。每天的课余时间，他都会在宿舍看书敲代码。很多时候，别人的电脑上都是玩游戏的动画人物画面，他的电脑就是一大堆黑底白字的英文字符。“我喜欢编程和学习算法，因此我对这方面很投入，我想到以前在电影上看到的那些黑客能够轻易地破解网络系统，希望有一天自己也能学到那样的技术。”出于对技术的不断追求，他开始参加专业编程比赛，在第七届广东赛区的蓝桥杯比赛中获得一等奖，然后又在全国各大高校汇集的蓝桥杯全国总决赛中获得二等奖；学校举办的 ACM 校内赛也经常看到他比赛时认真答题的样子。

有人说，他出现的时候，就像一块发光的金子。作为班级的班长，他除了要顾及班级大大小小的事物之外，还经常为同学们解决编程上的问题。他总能帮你看出问题所在，还让你觉得原来编程可以如此简单。“写代码和其他学习一样，你投入进去越多，收获也就越多，我并不能帮忙解决所有的问题，但我会尽力引导你，让你去自己解决问题。”作为目前专业第 1 名，也是多次获得“优秀团员”和“优秀班干部”等荣誉称号的学生，他最能感受到这种付出的艰辛与回报的甘甜。所以班上很多人都以他为榜样，并誓言比他更加努力地去学习。

技术分享，不求回报

他是程序设计基础协会的副会长，也是里面的主要讲师之一，在平时协会的小课堂上，他热情欢快地为同学们传授编程技术和知识。在暑假中，他留在学校为师弟师妹授课。“我知道课堂上学习的知识并不多，而编程需要我们不断去学习新的更好的技术，一方面我为他们传授编程技术或学习方法，另一方面培养他们自主学习的能力。”在大学里面自学能力的强弱将决定你以后进入社会的水平。当问起他为什么要不求回报地去帮助他人的时候，他总是会说：“大家都是这样过来的，帮一帮很应该。”

许多同学都会问这么一个问题：我怎么样才知道我是否掌握了这些知识？他会说：“当你把这个教会了其他人之后，你就基本掌握了它。”

在之后的大学生涯中，他有更多的知识要去学，有更多的技术要去掌握，因为他想分享更多给别人。

苏绮静

计算机学院，2013 级，共青团员。专业排名为 3/101。

共参评优秀学生奖学金 5 次，其中一等奖学金 2 次、二等奖学金 3 次；

优秀学生、优秀学生干部、优秀团员；

2015 年、2016 年全国大学生计算机博弈大赛暨第十届全国计算机博弈大赛亚马逊棋二、三等奖，军棋优秀奖；

第二届数媒作品大赛网页设计组优秀奖；

第二届“安联锐视杯”物联网–智能家居设计大赛二等奖；

第六届蓝桥杯软件组校内选拔赛三等奖；

第六届程序基础设计大赛校内赛优胜奖。

脚踏实地，有所追求

本人苏绮静，汉族人，1995 年 12 月 11 日出生，籍贯广东汕尾，是北京理工大学珠海学院网络工程专业的一名在校本科生。

回想起三年前，刚踏进大学校园的我，因对很多事物充满着好奇而感到兴奋，也因对很多事物充满着未知而感到恐慌。好奇大学的课堂与中学的有什么不同，好奇大学社团活动的精彩，好奇自己在大学会遇到怎样的人、经历怎样的事。对自己的专业不熟悉感到恐慌，为自己不能较快地适应大学生活而恐慌……但无论如何，我想，我都不能虚度大学时光，要做一个全面发展的大学生，要成为大学里的佼佼者。就这样，带着好奇和未知，还有自己默默的决心，在北京理工大学珠海学院这座美丽的校园里开始了我的大学旅途。

首先谈谈我大学生涯里的学习方面。依稀记得大学里的第一堂 C 语言课，这是我第一次知道世界上还存在这样一门语言，也是我第一次知道编程这样一门技术。之前对计算机的了解仅仅是局限于应用，从未想过这些软件之类的是怎么实现的，当初填报志愿时，网络工程专业是第6个志愿，基本也算调剂了吧。那时的我根本找不着方向，连一个最基础的代码都要花上大半天的时间。但因为我有一颗想要变得更好的心，坚信态度能改变一切，因此没有像很多人一样选择逃避，而是脚踏实地，不断地尝试着去接触。当我发现通过自己的琢磨能调通一个小小的程序时，很享受那种快乐和满足感。从那时起，我便对代码有了一种说不出的感觉。三年多以来，我一直保持在专业前3名，多次获得优秀学生奖学金，同时被评为“优秀学生”“优秀团员”“优秀学生干部”，我清楚地知道工科型的专业，仅有理论知识是远远不够的，为了更专注于专业学习，在课余时间我会通过网上的教学资料提高自己的专业知识和实践能力。我参加了学术性的团队组织，参加了各类学科竞赛并取得了优异的成绩，例如全国大学生计算机博弈大赛暨全国计算机博弈锦标赛二等奖和三等奖、“安联锐视杯”物联网设计大赛二等奖、蓝桥杯校内赛三等奖等。此外，我还参与了学院的大数据研究中心，担任Web后台组学生研究助理，参与了省级项目“基于大数据的人口流量图像处理分析”，目前此项目已顺利通过了中期审核。我不想局限于在学业上有所成就，也在寻找能够锻炼自己的舞台。2015年，我参加了校园十榜人物的评选，并成功登上博学多才榜。我很庆幸拥有这些经历，也很感谢那个能为了某件事静下心来、脚踏实地完成的自己，逐渐地我有了一种“锻炼的舞台始终比荣誉来得更重要”的体会，这样便更敢于不计较结果地去尝试，去努力完成某些事情。

一个全面发展的大学生，参与社团工作当然必不可少，大一选择社团的时候，并没有考虑得太多，毅然加入了计算机学院团总支学生办公室这个大家庭，在担任了一年的干事之后，毅然选择留下担任了办公室副主任一职，在任职期间主要管理团学会物资，整理日常工作文档，协助举办IT文化节，策划书大赛等院内大型活动。担任干事和副主任期间，部门被评为优秀部门，个人也获得了“优秀干事”“优秀副部长”称号。此外，我还担任我校毅恒科技创新团队计算机博弈项目负责人，参与团队计算机博弈项目，协助举办学科比赛，为队员培训C语言和项目技能，组织队员参加全国大学生计算机博弈大赛，并获得了全国一等奖、二等奖等优异成绩。我负责地对待社团工作，得到了老师和同学们的好评。很感谢这些社团经历，它们丰富了我的大学时光，提升了我的处事能力、沟通能力……我相信这些对于我来说，不仅仅对于现在很宝贵，在以后的职场生活都会是一笔宝贵的财富。

在思想方面，我思想觉悟较高，从大二开始认真学习党的理论知识，积极向党组织靠拢，现已成为党的发展对象，准备发展为预备党员。在生活上，我真诚对待他人，与同学相处融洽，互帮互助。

我不是专业上最优秀的那一个，也不是社团中最精英的那一位。但我想成为比过去的自己更好的那一个。目标在远方，我一直在路上，一步一个脚印，我相信，所有的经历都会是长大成熟的资本！脚踏实地，有所追求，终有一天会成为你想要的模样。

汪秀凤

计算机学院，2013 级，共青团员，团学会副主席。专业排名为 21/269。

获奖及评优情况：

共参评优秀学生奖学金 5 次，一等奖学金 2 次、三等奖学金 3 次；

优秀学生、优秀团员；

2014—2015 学年校三行情诗大赛一等奖；

2015—2016 学年十大提案一等奖；

2015—2016 学年软件测试大赛三等奖；

2015—2016 学年乡音方言大赛三等奖。

在风雨中茁壮成长

我叫汪秀凤，女，汉族，于 1994 年 11 月 14 日出生在重庆市江津区一个普通家庭。2009 年 5 月加入共青团组织，并于 2015 年 9 月递交了入党申请书，现在已成为发展对象。现就读于北京理工大学珠海学院。我的父母亲都不是党员，但是他们思想上非常上进，作风正派，而我也正是在这个温暖和睦的家庭中健康地成长起来的。父母的优秀作风很大程度上影响着我，而他们的言传身教更是令我总愿和身边优秀的同学看齐。在我的眼中，父母就是我成长的路上最好的榜样。我从小就决心做一个像他们一样对社会、对国家有用的人才。

2001 年 9 月—2007 年 6 月，我在重庆市江津区东方红学校渡过了我人生的第一段学习旅途。那时，我的性格比较外向，上课总是积极举手回答老师提出的每个问题，课后也主动找老师解答困惑，而且酷爱文学，所以担任了语文课代表一职，这也为我日后的学习工作打下了良好的基础。在小学二年级我光荣地加入了中国少年先锋队，戴上了鲜艳的红领巾。我一直勤奋刻苦努力学习，经常取得双百分的好成绩，成绩排名一直靠前。在学校我充分地享受着甜美的小学时光，而处于幼苗期成长的我更是盼望人生的下一步——中学。

2007 年 9 月—2010 年 6 月，我在重庆市江津区东方红学校读初中。刚入学我便担任了班长职务。身为班干部，我总是严格要求自己，并积极配合老师的工作。在学习中，我刻苦努力，积极上进，总是排名年级前十。在 2009 年的时候我光荣地加入了共青团，成为同学中全面发展的榜样。课余时间，我积极参加各种体育活动，经常在校运会上获得好成绩，并代表过学校去区内参加比赛，同样获得优异的成绩。在那万众期盼的中考中，我稳定发挥，以优异成绩考入了重庆市江津区第二中学校。2010 年 9 月—2013 年 6 月我在重庆市江津区第二中学校就读。刚入高中的我对未来充满了希望，一开始我就担任了班长，后来又竞选了年级自主管理委员会体育部副部长，经常帮助学校检查学校出操情况、教室卫生情况等。高二的时候我加入了学校学生会，并担任了学习部部长一职，组织过手抄报活动并获得了师生的一致好评。在学生会期间，我也参加过迎新活动，每次帮助一个迷路的师弟师妹们找到方向我都特别开心。学习上我也一直没有松懈，成绩一直名列前茅，经常获得奖学金。

2013 年 6 月我经历了人生最重大的选择与考验——高考。拿着鲜红的录取通知书，我迈着坚定的步伐满怀着对大学的好奇与憧憬，步入了大学的校门。上了大学后我对自己的要求并没有放松，勤勤恳恳、踏踏实实，曾参评奖学金 5 次，其中获一等奖学金 2 次、三等奖学金 3 次，同时也获得了“优秀学生”的称号。在学习文化知识的同时，我也积极参加社团并在学院团学会中担任过体育部副部长和副主席一职，在任期间，帮助学院完成了很多大型活动，例如院运会、元旦晚会、IT 文化节等，并获得过“优秀副部长”“十佳部长”的称号。这些经历丰富了我的大学生活，让我认识了许多的好朋友，扩展了人际圈。同时课余时间也积极参加学校的比赛，并获得过“软件测试”大赛三等奖、“十大提案”比赛一等奖、“乡音方言大赛”三等奖、“三行情诗”大赛一等奖等奖项。

现作为一名大四的学生，我已经开始踏入社会，在魅族科技有限公司开启实习生活。我相信努力一定会带来奇迹，所以现在的我对未来充满了信心。

王与尧

计算机学院，2013级，共青团员。专业排名为13/269。

获奖及评优情况：

共参评优秀学生奖学金4次，其中特等奖学金1次、一等奖学金1次、二等奖学金1次、三等奖学金1次；

2015年全国大学生计算机博弈大赛苏拉卡尔塔棋二等奖；

2016年全国大学生计算机博弈大赛苏拉卡尔塔棋二等奖；

2016年全国计算机博弈大赛二打一扑克牌（斗地主）二等奖。

成　长

第一次觉得自己真正长大了是在陌生的小男孩开口叫自己“叔叔”的时候，那时的心情真的很复杂，似乎在孩子的面前，我们已经有了明显的区别。时间过得真是很快，一转眼我已经到了20岁，往事虽然都已经过去，但是却塑造了今天的我。在这里，我希望我能站在不同的角度，好好回顾一下自己的过去，给自己一个客观的评价，也顺便展望一下自己的未来。

我出生在一个环境非常好的知识分子家庭，长辈们都非常优秀，对我也算是比较宠爱，从小到大没有吃过太多的苦。对于家庭环境，我似乎已经不能要求再多了。我的小学、初中相对都比较顺利，学习成绩也还可以，中考的时候我以不错的成绩考入了一所重点高中的重点班，一切似乎按部就班，但是出乎意料的是，高中，竟成了我人生中永远难忘的痛。青春期的懵懂、对考试的抵触、对自己的怀疑、对未来的恐惧、对成人世界的陌生，这些因素逐渐成为我和班主任之间无法相互理解的鸿沟，师生关系每况愈下，我和老师都在错误的方向上越走越远，我也逐渐被清除出了重点班的名单，而最后，受伤最深的人其实只有我自己，毕竟我只是这校园的匆匆过客，而老师们将继续重复自己的工作。

尽管高考已经过去了很久，但当初那种无奈、自责、无能的愤怒还依然萦绕在我的心头，也许我今天已经释怀了当初和老师、学校的矛盾所带给我的伤害，但当初那种失败的痛苦我不会忘记，作为对自己的补偿，也为了证明自己的能力，我决定正视自己失败的过去，然后尽自己的一切努力去改变现状。抱着这样的想法，我来到了北京理工大学珠海学院。简而言之，在之后的日子里，我度过了毫无进步的大一、突飞猛进的大二，以及硕果累累的大三。现在，我已经知道了自己当初失败的原因，也看清了现在的自己和更优秀的人之间的差距，当然，相对于高考后的迷茫和失意，我也用大学期间的一系列成就在一定程度上完成了对过去的救赎。不过，在我眼里，这些成绩本身没有任何意义，它们只是我努力所换来的符号，真正宝贵的东西其实蕴藏在我自己的身体里，而我未来的路，需要依赖这些蕴含在我 20 岁身体里的财富。

在当下的社会，创造价值往往是现代人脑海中最先建立的意识，越来越多的诱惑也带给了年轻人更加急功近利的心态，也正因为如此，相信很多人在大学会感受到迷茫，同时越来越多的人开始质疑高校扩招后的大学教育。对于上述问题的种种观点和争论，无须再多讨论。有时候，我们无法选择外部的环境，不过我们永远可以选择自己的生活方式，在大学里更是如此。那么在大学里，我们到底在学习什么？或者说，大学在培养我们的哪些能力？具备哪些能力才能真正成为合格的大学生？在我看来大概可以总结为两点：第一，主动解决问题的能力；第二，自我认知和管理的能力。就像我刚才提到的，这是我在大学期间学习到的最重要的财富，是我将来所需要的，这些财富远远比我所取得的进步、成绩、竞赛奖项要重要得多，大学里已经没有高中式的耳提面命，基本所有的决定和安排都要靠自己，在这种情况下，具备上述能力的人，自然能够更好地适应大学生活，也更容易适应大学之外的社会生活，所谓大学期间的成长、成熟其实就是提升、磨炼这两种能力的过程。

最后，感谢我大学期间的成长！未来，依然任重道远。

吴淑君

计算机学院，2014 级，共青团员，学习委员。专业排名为10/283。

获奖及评优情况：

共参评优秀学生奖学金 3 次，其中一等奖学金 2 次，三等奖学金 1 次；

优秀学生 1 次、优秀干事 1 次、优秀干部 1 次、优秀团员 1 次，中国扶贫基金会优秀服务者；

2014 年 C 语言程序设计挑战杯二等奖；

2016 年寒假母校回访活动优秀奖。

越努力，越幸运

我叫吴淑君，来自计算机学院 2014 级软件工程 4 班。作为一个来自农村的孩子，我时常告诉自己，你比别人差，是因为你付出的努力比别人少。两年前，得知高考成绩的那一刻时，整个人都蒙了。因为在家里几个孩子中，我是唯一一个上了高中的。面对昂贵的学费，家里的亲戚朋友跟我爸说，女孩子嘛，到时候就是泼出去的水了，读那么多书干吗？很庆幸，我有一个一直都很支持我的老爸。所以，在我踏入北京理工大学珠海学院的那一刻起，我就暗暗地下定决心，我要对得起我爸的支持。

在大学里很幸运地遇到了一个优秀的同乡师姐，所谓近朱者赤，这个师姐的励志人生一直鼓舞着我，让我想要成为一个同样优秀的人。去年，在国家和光大奖学金的评审中，我作为现场的工作人员，负责替换 PPT。目睹了那些优秀的师兄师姐，我便暗暗地给自己定下了目标，有一天，我也要成为舞台上的其中一个。

宝剑锋从磨砺出——校园实践篇

大一时，我就加入了两个社团，在校自强社和院学生会，均获得优秀干事的荣誉称号，其间参加过元旦晚会、新生见面会等部门节目的编排。有幸的是，还代表北理自强社作为主讲人，参加中山大学在大学城举办的“华南九校研讨会”，和来自广东各大高校的社团精英们共同畅享社团经验。

大二，作为2014级软件工程4班的学习委员、同乡会的负责人之一、校自强社办公室的副部长，多重身份的我认为，每一个身份接触的事务都不一样，值得学习的东西也就多了。在任期间，我积极参与部门的部风建设等，获得了优秀干部等荣誉称号。虽然，在组织班级、同乡会、社团大大小小的集体活动时，有觉得很累，但是我相信，越努力，越幸运，有些事，你不做就不会有收获。宝剑锋从磨砺出，梅花香自苦寒来，众多的工作并没有把我打垮，大二的我，坚持过来了。

大三，作为2016级软件工程的一名学生班主任，虽然到目前只带领了他们一个多月，但是，我以积极阳光的一面引导他们在学习上和生活上的态度，带领他们熟悉校园，帮助他们更快地适应学校，也组织了一次班级聚会，让大家更好地互相认识，更好地融入这个团结的集体。

回望大学，已经过去了一半。在这段时间里，虽然有觉得累的时候，但是，我觉得比起我的收获，那些辛苦都是微不足道的。因为，在这期间，不仅个人能力得到了锻炼，也收获了不少友谊。

民生在勤，勤则不匮——社会篇

在生活上，在课余时间，我都会做一些兼职。像派传单、保险窗口值班、服装销售等，来赚取生活费和补贴学费，以减轻家里人的负担。

送人玫瑰，手有余香——公益篇

在大学的两年多里，我也时刻提醒自己要践行公益，积极地参加校内外的公益活动。虽然在经济上，我没有多大的能力帮别人，但是，公益的道路上，我一直都在！2015年的3月份，为隔壁学校一位没有见过面的患恶性淋巴癌的同学，通过网络等方式筹集善款。今年寒假，获得校就业指导中心寒假母校回访实践活动“优秀奖”。今年暑假，在校学工处的支持下，在谢燕祥辅导员的带领下，参加了河源的三下乡志愿活动，去宣传“国家资助，助学贷款”的政策。希望通过这次志愿活动，帮助更多家境贫寒的学子圆大学梦。在这次社会实践中，指导老师给了我“优秀”的评价。在2014年，我获得了中国扶贫基金会“优秀服务者”的称号。

优秀干事、优秀干部、优秀学生……每一个优秀的评价，在我心中，都是对我付出努力的肯定！

不忘初心，方得始终——学习篇

当然，在个人全面发展的同时，我也没有落下学习。在学习上，作为一个高中接触电脑次数可以用两个手指头数出来的人来说，选择了一个天天与计算机打交道的专业，因为据说这是个就业前景不错的专业。于是，我选择了软件工程。在这个男女比例接近9：1的专业中，作为零基础又稀有的女程序员，我坚持下来了。记得大一一开始，因为打字只会一个键一个键地慢慢敲打，被同专业的同学笑时，我用天道酬勤来鼓励我自己。勤能补拙，现在我的打字速度虽谈不上飞快，但是，已经有了很大的进步。2014—2016年，在我的努力和坚持下，共参评优秀学生奖学金三次：获得三等奖一次、一等奖两次、“优秀学生”一次；获得“C语言程序设计挑战杯”二等奖；参与过“一种基于视觉的驾驶员行为监控系统研究”的论文编排。

当然，这些成绩是远远不够的，越努力，越幸运，在接下来的日子，我会继续努力奋斗的！

余培展

计算机学院，2013 级，共青团员。专业排名为 9/120。

获奖及评优情况：

共参评优秀学生奖学金 5 次，其中一等奖学金 2 次，二等奖学金 1 次，三等奖学金 1 次；

2014 年，荣获珠海高新区“平安校园，你我同行”安全防范宣传创意作品动画短片类金奖、影视作品类银奖；

荣获首届广东省大学生文明交通宣传作品创意大赛视频类一等奖等省级奖项 4 项；

2015 年，荣获“我的中国梦”——“立志·修身·博学·报国”主题教育系列活动之社会调研大赛三等奖；

荣获首届广东省网络媒体展示节之“涂鸦校园”动画作品展示活动一等奖及“微拍校园”微视频作品展示活动一等奖。

赔付青春展宏图

本人余培展，北京理工大学珠海学院计算机学院 2013 级数字媒体技术专业的学生。我曾任校京涛海纳工作室理事会第七任理事长，兼校团委宣传部副部长。在校期间，获得省市级奖励 11 项，院校级奖励 30 余项，其中多次获得校级优秀学生奖学金，优秀团干部、优秀学生干部等荣誉称号。在 2015 年度校园十榜人物“社团精英榜”的评选活动中上榜。

制作视频、拍摄电影一直是我的兴趣所在。于是，我选择了计算机学院数字媒体技术专业。每一次课内实践，我都寻求突破自己。大三对我而言是重要的一年。大三上学期，我将影视后期合成实践课的要求与第三届广东大学生微电影节明辨传销单元的要求结合在一起，巧妙地利用 MG（Motion Graphic 的简写，译为动态图形）动画的动感来解释传销的分级制度，以此使影片内容更生动有趣，又用防传销的知识来提升 MG 的内涵。最后，这部作品不但得到了老师的认可，也在比赛中获得一等奖。大三下学期，我在数字媒体专业实训的实践课中，开发了一套具有 AR（Augmented Reality 的简称，译为增强现实）现实增强技术的校园明信片，这一套明信片也跟随着我校 2016 年暑期台湾游学团去到台湾，作为伴手礼送给朝阳科技大学的学生代表。

课内学习固然很重要，课外的实践同样重要。我于 2013 年加入我校京涛海纳工作室，这三年的时间里，我从电影中心一名小助理成长为工作室的理事长。在职期间，拍摄制作了我校宣传片《形象北理·爱情篇》《形象北理·军训篇》以及《形象北理·航拍篇》。其中，《形象北理·爱情篇》采用了动画加实拍的模式，展示北理工的爱情故事，宣传片一发出，便受到了广泛好评，播放量超 30 万。而《航拍篇》，则是省内高校中首部采取镜像加航拍的学生作品。这两部作品，受到了新生的喜爱，也得到了网友及媒体的认可。两年三部宣传片，巩固了我在课内学到的知识，也给我带来了许多创作上的灵感。除了拍宣传片，我还拍摄了学生电影。《同行》是一部反映社会同性恋妻子社会现实的影片，影片在腾讯视频的单网点击率就高达 600 多万，更是一度登上腾讯新闻客户端广东版块头条新闻，电影作品更是两次登上腾讯视频电影页面首页。挑战过社会题材后，我们团队开始挑战一个更难的类型题材——喜剧。我们团队克服重重困难，一点一滴地埋下包袱，力求呈现喜剧效果。首映当天，排球场吸引了上千名学生前来观看，800 个座位座无虚席，更有学生站着看完。我们的成果终于得到了观众的回应。

除了参加学生组织，我还积极参加各种比赛。早在 2014 年，受珠海市高新区公安局邀请，我们采用“万万没想到”的风格制作了《炸片》，用课内的动画课的知识结合《飞碟说》的处理手法，制作了《教你识别邪教组织》，赢得了公安局的认可，也得到了媒体的报道。而《开车放下手机》，则是利用生动的一镜到底的 MG 动画来告诉大家开车不要玩手机，这部作品获得了广东省公安厅举办的首届交通安全文明创意作品大赛一等奖。除了制作公益短片，我对中国的传统文化也有着浓厚的兴趣。我曾作为队长带领队伍前往广州、佛山两地领略粤剧的魅力，制作了《粤韵清音》纪录片，得到了粤剧界人士的好评。实践活动的文字记录更是被团中央收录于《三下乡·情暖根与土》一书中。

我的梦还在继续。我要用我学到的知识，将我的想法变成现实。

蔡悠柔

会计与金融学院学生，2013 级，共青团员，担任班导、辅导员助理。专业排名为 62/517。

获奖及评优情况：

共参评优秀学生奖学金 5 次，其中一等奖学金 3 次，二等奖学金 2 次；

全国高校商业精英挑战赛会计与商业案例竞赛国家二等奖；

荣获 2015 年全国大学生商业案例大赛校园选拔赛季军等国家级奖项 3 项；

2015 年，荣登榜校园十榜人物之“创业达人榜”，荣获校级奖项 7 项；

2016 年，荣获“挑战杯”大学生创业大赛省级铜奖。

不负青春不负梦

2013 年 9 月，怀揣着对大学美好的憧憬和期待，心怀着对自己未来的追求与理想，我踏入这座美丽的校园，这里承载着我最美青春岁月里的梦想，见证着我朝气蓬勃年华里的坚持努力。我不断告诫自己，趁青春加倍努力，留给未来更好的自己。

时间转瞬而过，蓦然回首，在写着这篇文章的时候，大学即将步入尾声，回忆起三年多来的点点滴滴。初入大学，与所有大一新生一样，我有着迷茫和无所适从，但是我知道，大学不应该是我青春肆意放纵的游乐园，而是我不断充实自己、提高自己的社会预热场。大一时，我强迫自己迅速适应校园生活，在各位优秀老师的培养和教导下，我很快找到了属于自己的追求目标，制定了大学的初步规划：优秀 GPA 平均绩点、优秀学生奖学金、专业竞赛、班委、社团、辅导员助理、新生班导生、创业，一切的一切，我都希望能够把梦想照进现实，一一实现。

三年来，我时刻以高标准要求自己，妥善处理学习和工作两者之间的关系，努力做到全面发展。学习上，我认真严谨地对待每一门课程，寻找最适合自己思维方式的学习方法，充分利用各种碎片化时间，保证高质量学习的前提下追求高效率学习，先后 3 次获得优秀学生一等奖学金以及 2 次二等奖学金。积极参与各项专业类竞赛，先后在全国高校商业精英挑战赛、IMA 校园管理案例分析大赛等比赛获得理想成绩。坚持课外阅读，使我开阔了视野，也加强了自身的文化修养，领悟到“天行健，君子以自强不息；地势坤，君子以厚德载物”的内涵。

思想上，我有坚定的共产主义信念，认真学习马列主义、毛泽东思想、邓小平理论及“三个代表”重要思想，不断强化自身素质建设，不断地通过学习来充实自己，逐步提高自身思想政治素质。作为共产主义青年团的一员，我自始至终坚持着为人民服务的宗旨和共青团员的宗旨，努力学习本专业知识，求实，创新，开拓。未来我将继续努力学习，继续前进，进一步向党组织靠拢。

工作上，我始终以“乐于奉献，服务同学”为宗旨，先后担任多项职务。担任班级学习委员，担任起授课老师与班级同学之间的沟通交流的桥梁，总结各门课程重点难点与同学共享，协助班长组织各类班级活动；担任辅导员助理，协助辅导员处理日常工作、文件整理以及各类通知意见的上传下达，成为辅导员与年级同学的沟通桥梁；担任 2015 级学生班导，负责新生班级的班级建设工作，处理各类班级事务以及解决班级新生的各类问题，帮助 50 名大一新生迅速适应大学的学习与生活。三年来，我坚持锐意进取，虚心学习，在担任学生干部期间，工作成绩也得到了各位老师的认可。

在坚持创业梦想的路上，就算不被看好，就算遭遇失败，我从未止步。我积极参与创业经理人课程，学习百森创业体系，积累创业理论知识，将理论应用于实践，孵化专注于校园个性化定制出游的启航商务中心、“Eplus” App 高校在线洗涤平台两个创业项目。2015 年，成功运营启航商务中心，完成大大小小数十个高校团队个人个性化出游项目，并带领启航商务中心团队先后登榜北京理工大学珠海学院校园十榜“最佳团队榜”和“创业达人榜”；2016 年，“Eplus” App 在线洗衣项目萌芽，这是一段并不轻松的项目历程，前期商业策划准备、项目可行性分析、后台技术支持解析一步步走过，遭遇项目资金超支、技术实力不足、风险评估级别较差的苦难。在经历无数废寝忘食的日子，在团队成员紧密合作绝不气馁的坚持下，我们还是将理想照进现实，“Eplus”项目在实际运营中稳步前行并获得2016年“挑战杯”大学生创新创业大赛广东赛区省级铜奖。

时光荏苒，如白驹过隙，大学时间匆匆而过，转眼已能看到毕业在招手了。从抱着梦想懵懂无知到一路坎坷奔向梦想的彼岸，不知不觉，已过了三个春秋。在这段属于我的“黄金时代”里，有过成功的喜悦，也有过失败的悲伤，但正是这些，使我一步步接近自己的目标。在学校这个大家庭里，感恩每一位老师，感恩每一位同学，在你们的支持鼓励下，我真诚地付出着，也快乐地收获着。

陈思曼

会计与金融学院，2013级，中共党员，学习委员。专业排名为33/517。

获奖及评优情况：

共参评优秀学生奖学金5次，其中特等奖学金1次、一等奖学金1次、二等奖学金1次、三等奖学金2次；

荣获“优秀团员”称号2次；

荣获国家励志奖学金1次；

荣获第四届“网中网杯”大学生财务决策大赛决赛亚军等校级奖项5项。

大学成长之路

我叫陈思曼，女，汉族，1994年8月16日出生，籍贯广东省潮州市。现就读于北京理工大学珠海学院。大学生活给了我很多启示，我所经历的事在改变着我，使我不断完善自我，逐渐走向成熟。

在学习方面，我勤奋努力，学习成绩在会计专业（含国会）排名6%以内，获得优秀学生奖学金5次、国家励志奖学金1次。除在课上学习专业知识外，我努力提高自己的自学能力，积极利用课余时间备考专业证书，目前已经考取了会计从业资格证书、初级会计职称、英语四级、证券从业资格证、计算机二级证书。我意识到会计学专业是一条考证的漫漫长路，也只有经历了考证的征途才能在走出校园时更加自信地选择自己心仪的工作岗位。

课余时间，我积极参加各项比赛活动，所获奖项包括省级1项、校级14项、院级4项。其中包括第七届财会技能大赛暨广东省大学生会计技能大赛校园选拔赛三等奖、第四届“网中网杯”大学生财务决策大赛决赛亚军、“第六届IMA校园管理会计案例大赛选拔赛总决赛”优秀奖等。我不是最厉害的，但是我愿意迈出第一步，在每一项比赛中锻炼自己的动手能力、分析能力以及团队合作精神。在校期间，曾在财务处和审计处进行了一段时间的学习，在这个过程中帮助老师和同学们整理资料。大三暑假，我本着锻炼自己能力的愿望，经过面试进入中兴财光华会计师事务所实习，其间主要担任审计助理一职，主要负责编制工作底稿、协助代理记账等工作，这个机会让我认识到一名注册会计师高度的责任意识的重要性，并对他们的工作能力产生由衷的佩服。

在学校工作方面，我曾担任过班级学习委员，为全班的师生服务。在大一进入校园时，我加入了3个学生社团，经过一年干事历练，在大二期间担任会计与金融学院新闻中心技术部部长、会金自强分社办公室部长、大学生创业实践协会网络部部长，将所学的社团知识教授给师弟师妹们。在新闻中心任职期间，我主要负责运营学院官方微信平台，将一个平台发展成为服务于学院师生的官方平台，并配合其他部门推出“男神女神”“会金人的一天”等栏目，受到广大师生的欢迎。

在思想品德方面，本人有良好道德修养，并有坚定的政治方向。我热爱祖国热爱社会主义热爱党，于2013年11月10日向党支部递交了入党申请书，2014年9月被确定为入党积极分子，2015年5月被列为发展对象，2015年11月，成为一名中共预备党员；我热爱公益，在会金学院自强分社的两年里，协助社团成功举办了“与爱同行”系列公益活动，将爱心化为行动，用自己的绵薄之力帮助需要帮助的同学。聘期结束之后，我也会在课余时间报名参加公益活动。

社会实践方面，在大二暑假，我参加了珠海市团委举办的大学生社会实践活动，到香洲区财政局进行两个月的实习，在实习中，我第一次真真实实地接触了账本，学习到很多实用的技术。在大三暑假，经过重重筛选，我作为学生代表到台湾进行为期一周的游学实践活动，体验了当地的风土人情，也开阔了视野。在整个游学中，我主要负责新闻稿的撰写，将所见所闻形成图片与文字，传达给北京理工大学珠海学院的师生们。

“工欲善其事，必先利其器”。大学期间，学习、思考、生活和社会实践使我不断走向成熟，对知识的渴望、对理想的追求、人际关系的扩展、思维方式的变更，造就了我不断完善的专业技能和日趋成熟的思想认识，培养了我务实进取、认真负责的工作作风和良好的团队精神。

甘雪红

会计与金融学院，2013 级，中共预备党员，班主任、班长。专业排名为 5/324。

获奖及评优情况：

共参评优秀学生奖学金 5 次，一等奖学金 5 次；

国家励志奖学金 2 次；

2016 年，荣获全国高校商业精英挑战赛会计与商业管理案例竞赛二等奖；

荣获校第三届“网中网杯”财务决策大赛二等奖；

荣获第四届财务案例分析大赛亚军等校级奖项 3 项。

梦想入云梯，奋斗如阶梯

我是 2013 级北京理工大学珠海学院财务管理专业的学生，名叫甘雪红。我是一名热爱学习、积极进取、有明确的奋斗目标、自律自强、品学兼优的学生。

一、学习方面

大学期间，我始终铭记“勤奋、务实”的学风，我坚信：大学里学习不再是唯一，但永远是第一。自入学开始，我就勤奋学习，不断提升自己的学习方法。“宝剑锋从磨砺出，梅花香自苦寒来。”过去的三学年度里，我的学习成绩一直名列前茅，荣获“校优秀学生一等奖学金”5 次、国家励志奖学金 2 次、校“优秀学生”等荣誉称号。在课外的空余时间，我坚持自学并且常在图书馆及网上查阅资料来充实自己，既学到了知识，也开阔了自己的视野。

学习之余，我也不忘提升自身的专业技能，现考取了会计从业资格证书、银行初级证书，并单科通过美国注册管理会计师（CMA）等技能证书。我深信有梦想就有希望，有心就能够飞翔。

二、工作方面

感谢学院给予我机会，让我担任学生班主任、班级班长。一直以来，我为班级尽心尽力，在工作中力求进取，做到以身作则，虚心接受和采纳老师和同学们的建议。我认真、细心、负责地为老师分担工作，为同学服务，带领同学积极参加文体活动，获得了2013—2015两学年校“优良学风班集体”称号2次、院“优秀集体”称号2次以及“五星红旗团支部”“班级风采大赛”冠军等荣誉。

学校自治组织也给了我锻炼的平台，我曾加入财务管理协会、会金学院自强社、校大学生职业发展协会、学院新闻中心等学生自治组织。在工作期间，得到了指导老师的好评，并获得新闻中心“优秀标兵”荣誉称号。在各项任务中，我始终兢兢业业，保证高质量完成本职工作。

三、社会文体活动方面

新世纪是一个“机遇与挑战并存的时代”，我深刻地认识到了能力素质的重要性，所以特别注重培养锻炼自己。

除了学习、工作以外，我还积极参加各类文体活动。通过活动，我取长补短，学习别人的优秀之处，不断增强自己的能力和综合素质。在比赛的过程中，我学会了不服输、不放弃的拼搏精神，看到了成功者在荣誉和成绩的背后，付出的更多的是汗水和泪水，也更加明白，只有经历了痛苦的作茧过程，才会破茧成蝶，飞舞在美丽的花丛当中。经过不懈努力，我获得的奖励包括：2016年全国高校商业精英挑战赛会计与商业管理案例竞赛国家二等奖、校第三届“网中网杯”财务决策大赛二等奖、第四届“财务案例分析大赛”亚军、校第三届“IMA校园管理会计案例分析大赛”第三名、2015年暑假社会实践调查校级优秀报告等。

上学期间，我还积极参加社会实践，先后到校纪委监察审计处、厦门国际银行、志源地产等单位实习，锻炼交际能力，提升实践能力，让我自己在今后的生活中更加经得起生活的考验。很荣幸在实践中能得到领导的认可，并荣获第二季“厦门国际银行杯”校园大使荣誉称号。

四、公益活动方面

我积极参与校图书馆志愿者、绿化校园、自行车摆放等公益活动。2014年

12 月，我作为珠海青年学生代表参加了澳门回归十五周年之“环保骑行四部曲（珠海站）——有梦珠澳情”的公益活动。在参加公益活动的过程中，对他人、社会宣传爱心，宣传人性的真善美，传播社会正能量，获得快乐的同时，也帮助了别人。一次次的公益活动，锻炼并提高了我的社会活动能力，也让我明白自己的社会责任。在未来，我亦将一如既往地为他人、为社会贡献自己的力量。

五、思想端正、永怀感恩之心

在思想方面，我积极向党组织靠拢，追求进步，遵守学校规章制度，积极进取。在大一第一学期就提交了入党申请书，并为早日成为共产党员而奋斗。

我的心中充满了感恩，特别是感恩母校和父母。母校给予了我一个无比宽广的舞台，并不断激励着我把想法变为现实；父母是我的坚强后盾，每当我意志消沉时，想想为了给我创造一个较好的生活学习环境而仍在奋斗的他们，自己就充满了力量。因此，我时刻要求自己保持一颗感恩的心，遇到挫折不抱怨，遇到困难更努力，自立自强，不断减轻父母的生活压力。

六、生活方面

我是一个贫困学生，没有富裕的家庭背景，所以节俭朴素、自立自强。我知道父母的心愿都是希望我努力学习，将来有所作为。我坚信只要我努力，只要我勇敢，一定会实现自己的理想，报答父母的厚望。我性格开朗，乐于助人，与同学间沟通较好，很多有困难的同学都愿意找我帮忙，与同学建立了很好的人际关系，得到了大家的认可和支持。快乐的人对生活总持积极态度，生活的逆境让我比别的同学多了一份思考，多了一份压力，多了一份责任。希望我们成长的速度能够快于自己父母衰老的速度。

七、结语

进入北京理工大学珠海学院学习是我人生中一个极其重要的阶段。大学期间，我在各方面都获得了巨大的进步，综合素质得到了很大的提高。现在我能有申请奖学金的资格，要特别感谢学院领导老师的培养，感谢老师在专业方面的深入指导以及同学们在工作和生活中给我的支持和帮助。今后我会更加严格地要求自己，使自己有更大的提高与更好的表现。

黄淑辉

会计与金融学院，2013级，共青团员。专业排名为1/499。

获奖及评优情况：

共参评优秀学生奖学金5次，其中特等奖学金4次、一等奖学金1次；

国家励志奖学金2次；

优秀学生2次、优秀学生干部1次、优秀团员1次；

荣获2015年“税友衡信杯”全国税务技能大赛（本科组）总决赛优胜奖；

“新道杯”广东省大学会计技能优胜奖；

荣获2016年第七届财会技能大赛校园赛一等奖等校级奖项4项。

“剩”者为王

我叫黄淑辉，女，汉族，1994年5月1日出生，籍贯广东揭阳。现就读于北京理工大学珠海学院。我是一个性格开朗，认真负责，沉着稳重的人。我还有一个孪生妹妹，我跟她就读的小学、初中、高中都是一样的，这为我的学习生涯增添了不少的乐趣，但是我们没有像其他那些幸运的双胞胎一样，考进同一所大学，这倒是有一点点的遗憾，但是谁都得独立。

我家是在揭阳市一个贫困县的村里面，或许正是这样的环境，让我的性格更加乐观。在那个环境里，小时候没有竞争，也并没有一心一意要走出那个村，我的小学七年（以前小学有学前班制）都是“无忧无虑”地学习，“无忧无虑”地长大。我看过很多很多的电视，是家里的“电视迷”，一放学，就会飞奔回家看电视，只有一个台、一个节目我都能陷入里面，现在也是这样，广告也好，新闻联播也好，在饭堂，会突然被电视吸引住，就目不转睛地一边看，一边吃饭。而在我小的时候，就深受爷爷雷厉风行、做事有头有尾作风的影响。爷爷以前行过船的，其实我到现在还是不明白这个是什么意思，但是我的爷爷很“神通广大”呢，爷爷一直都说他是二年级毕业的，但是我的爷爷会识很多汉字，认识英语字母，看过很多的名著，会用草药，会修电视，会做箩筐，会做很好吃的菜，会打太极，会种树、盖房子、改装小型发电机，会开卡车，会使用电脑，会使用手机，等等。在我的眼里，我的爷爷很厉害，所以我一直以爷爷为最崇拜的人。爷爷也很严格，我印象最深的是第一次学汉字的事，这个经历可真的是丢脸。小的时候，我很贪吃，不管奶奶把吃的东西藏哪里，我都能很快把它们给找出来，这也就让我找到了红色的花生米，当时的我觉得这个稀奇，吃了之后也觉得比普通的花生米香甜，就和妹妹一起把花生米吃光了。后来爷爷奶奶发现了，就把我和妹妹关在房间里面壁思过。后来我们才知道，那个花生米当时是挺稀有的，而爷爷奶奶是跟其他种菜的阿叔阿婆求来的，本来就不多，却让我和妹妹给吃完了，这让谁都生气啊。等爷爷睡醒之后，教育了我们一番，就开始让我和妹妹跟着他学识字了。

我在初中和高中都很平凡、很普通地度过了，最值得一提的应该是我的数学启蒙。我现在很喜欢数学，或者说我一直很喜欢数学，其实我在小学的时候，参加了所谓的奥数比赛，但是成绩太差，被其他学校的尖子给比下去了，自信心被打击了，但是我还是有一点点想继续享受解题的乐趣。真正的数学启蒙是在我的初中时代，初一的时候数学很差，刚小学升初中，而我小学的基础不扎实，导致初一的时候很吃力。即使成绩很差，但是我还是喜欢解题，喜欢去问数学老师问题，这或许也让老师对我有一点印象。由于老师的积极耐心指导和我那热爱数学的心，在期末时我获得了较好的成绩，被老师表扬了。而这一次的数学启蒙更多的是让我体会到了坚持的意义，热爱一个东西，不管结果如何，你都会觉得很满足。满足感最多的是来自自己，而不是别人。你奋斗过，努力过，就不会后悔，这就是我对坚持和满足的理解。从此之后，我做一件事情，都会以一种乐观的态度坚定地去做。

在大学中，我的成绩算是属于优秀，连续三年专业年级第一。就像是傅园慧说的那样“鬼知道我经历了什么”。我也明白成绩不能代表什么，我在大一第一学期，本来想着跟妹妹一起考会计从业资格，可是班长报名的时候没有帮我在会计协会里面报名，那天晚上，我哭了，哭得是一塌糊涂，本来是打算去数学答疑的，数理学院的老师都瞅了我好多眼，那个时候真的是丢脸丢到家了。

但就是那一天，我定下了一个小目标，我要让会计与金融学院的人都认识我。现在看来这个目标好像不是很小，比考研还要来得难，大学四年就快过去了，到现在还没有实现。而后来为了这个目标，我努力学习，“拜访”了很多很多的地方，我去过荔枝园早读，早上很早去过明德楼，去过天佑楼，在大一的时候还做起了民商法学院图书室（弘毅楼）的管理员，没有任何利益诉求，只为公益，在那里，我需要打扫、把书籍上架、编排条形码、整理图书等，期末时，他们能加 0.6~1 分，我什么都没有。但是，我不后悔，我学到了很多很多的东西，认识了很多的老师和同学，我获得了那里的学习资源和学习环境。我在那里能学到很晚，而且不受图书室闭馆的约束。然而有一天，因为落了东西回去拿，不料被馆长锁在里面了，他一边哼着歌就走了，我最后是爬窗出来，开门，再锁窗，关门。这真的是午夜惊魂，差点赶不上门禁了。为了达到我的“小目标”，我参加了很多的社团、公益和竞赛。首先，我参加了校青年志愿者协会、数学建模协会等。我靠着自己的兴趣爱好，参加了数学建模协会，学到了很多的东西，应用起来却挺难的，想参加比赛，什么成绩都没有，但是其中的乐趣或许只有我自己知道吧。我很喜欢参加公益活动，我连续两年参加了校外迎新、校十周年庆典、新生体检志愿者，还参加了许多大大小小的公益。

在竞赛方面，我参加了许多的比赛，有一些比赛是跟着自己的喜好去参加的，我在大一开始，每一年的数学竞赛都去参加了，纯属兴趣，没有获得什么荣誉，但收获了乐趣。在专业竞赛中，我没有得到很好的成绩，一般在省赛和国家的比赛中，小组都是优胜奖。但是我觉得我坚持下去了，就真的不后悔，很自豪。在 IMA 校园管理会计案例分析校园选拔赛中，在 PPT 预选时，我们小组是排名第一，在校园总决赛中，我们小组只是最佳人气奖，说实话，我是真的很气愤。但是我也知道，或许真的是我们有不足。在后来的全国赛中，我们没有放弃，坚持住了，自己报名参加全国赛，成为珠海唯一一个进入华南赛区半决赛的小组，这是对我们每天晚上在饭堂讨论，熬夜做 PPT，查资料，自学供应链，还画出了供应链合并部分结构图的莫大安慰。我们的努力和坚持最后得到了证明，还收获了友情，我很开心参加这个比赛。其间我还参加了税务技能大赛和会计技能大赛，凭着团队和自己的努力，获得了一定的成绩。

在我的 20 多年里，最锻炼人的就是大学期间了，我的“名人目标”——让会计与金融学院的人都认识我，还没有实现。但是我还是会坚持下去的，“剩”者为王，伟大是熬出来的。

简嘉铃

会计与金融学院，2013级，中共党员。专业排名为1/324。

获奖及评优情况：

共参评优秀学生奖学金5次，其中特等奖学金3次、一等奖学金2次；

优秀学生干部1次、优秀团员1次、优秀团干部1次、优秀党员1次；

2014年，荣获“佛山市顺德区中国邮政储蓄银行‘未来银行家’暑期体验实践活动”一等奖；

荣获2015年“全国大学生英语口语测评大赛”一等奖等国家级奖项3项；

2014—2015学年度，荣获“珠海市大学生‘南航明珠杯’微信、微博运营大赛”优胜奖；

荣获2014—2015学年度“第一届‘网中网’杯财务决策大赛校园赛”亚军等校级奖项2项。

你好，我是嘉铃

这是命，一切都源于三年前那个抛硬币的选择。“我不想再这样犹豫不前了，抛硬币吧，是北理工就是北理工，如果真是金子，在哪都可以发光”，当时我就是这样跟父母说的。高考完那两个月并没有笑过，海内外面试只拿到3个学校的Offer。现在想想当时自己那样的冲动、儿戏实在是可笑，但幸运的是，在这里，我用三年不懈的努力证明了自己，从迷茫、脆弱、自卑到坚定、坚强、自信。

在大学，很多朋友们总是说我学霸、女干部、社会女青年、公益大使、才艺少女，把全能女神作为对我的称谓。然而，在我自己看来，我不是别人，就是嘉铃而已，一个全方位都在“暴风成长”的嘉铃。

学习是学生第一要务。自进入大学以来，我刻苦认真，勤于学习，每个学期都拿特等或一等奖学金，在三百多人的专业里累计学分绩点排名第一。三年里，我有计划地成功考取了美国注册管理会计师（CMA）、雅思、英语六级、PETS、会计从业资格、计算机等证书。但这些都只是过去学习的证明，真正让我难忘的是那些一个人在图书馆沉淀的日夜，那个让我学会独立、学会坚持、学会思考的过程，那种踏踏实实考出成绩的感觉。

专业比赛也是学习的一个平台。三年里，我曾在多个比赛、评比中展示自我，曾获全国英语口语测评大赛一等奖、“中华会计网校杯”财会大赛亚军、“网中网”杯财务决策大赛亚军、管理案例分析大赛三等奖等 2 个国家级、1 个省市级、8 个校级比赛的奖项。评比中曾被评为年度学校优秀 7 个“优秀学生标兵”之一，获得校园“博学多才”十榜人物、会金学院杰出贡献人物、校优秀学生干部、校优秀团干、优秀团员、优秀党员等荣誉称号。每个奖励带给我的不是压力，是让我继续向前的动力。

班级、社团是我的另一片天地。我曾在 6 个组织担任部长、班委等职务，工作表彰里曾获得“优秀学生干部”“优秀团干”“社团突出表现”等奖励。坚持每月至少举办一次大型班级活动曾让我成为很多班级都向往的文娱兼宣传委员；育人有礼、爱心捐款、辩论赛等大大小小社团活动的策划组织让我懂得了团队合作的重要性。工作本身是累，也是快乐，当无数份策划在凌晨的台灯下完工，当无数次活动因为你的心血完美落幕，所有的苦与累便就有了价值。

同时，学生不应被学校的围墙禁锢了发展的视野，踏足社会，无论是实习工作还是调研活动，都是增长见识的快捷途径。两年间我也参与过不少社会工作，曾在洋富艺公司、中国人民财产保险公司、中国邮政银行、保利集团、雍景酒店、琴行等 6 个不同行业的企业进行有薪或无薪的实习工作。同时我也曾组织并参与过拯救传统文化活动、保险业认识情况等调研活动。感谢多样的工作让我能不断学习，迅速地成长。

当我们从社会实践中受益的同时，千万别忘了回报社会。我一直都热衷于各种社会公益活动，比如作为澳门国际教育展览会宣传大使参加志愿者活动、参加慈善会举办的清明节鲜花义卖活动、佛山铂顿城钢琴义演等各种校外爱心活动。我坚持公益，因为我相信再小的行动也是回报社会的正能量。

当然，我还有属于自己的小特长。十五年艰苦的钢琴练习让我得到的远不只是一个十级的考级证书，钢琴键上的坚持换来的是一种气质与内涵；从小学习的书法让我得到的不只是一叠国家证书，宣纸上的毅力换来的是一种从容与淡定；更多如单簧管、吉他的学习，与其说是兴趣的拓展，不如说是一种修身的途径。

学习、考证、社团、比赛、实践经历、公益活动、特长才艺，所有的一切，在大家的眼里都是那么一气呵成，而背后的故事其实又是多么曲折坎坷。众人所欣赏的是华丽完美的包装，而我最珍惜的却是这外表后面留下的每一道伤痕。那是让我学会自立和自强的伤痕、学会选择和放弃的伤痕，学会淡定、坚持、勇敢、快乐的伤痕。所有我受过的伤，都是我成长的勋章。

转眼已是大四学生，面对毕业后的未来，我从不伤感也不畏惧，因为离别是为了成为更好的自己，我也已经选好了自己要走的道路，不再是三年前那个弱小的我。只是，还很想站在这个校园里好好感谢三年里这么坚强的自己，好好感谢所有帮助过我的家人、老师和同学，好好感谢这所学校。

昨天有个师妹问我是否已经达到了大学目标，我说："不知道呢，努力过后，剩下的一切就顺其自然、随遇而安吧。"就像当初抛硬币来这里一样淡然。

我们，只有自己才能定义自己，不需要那么多像全能女神那样高贵的美誉，我就是嘉铃罢了。所谓自传，就是把昨天所有的苦，都在今天笑着说出来。可以，这很嘉铃。

邱婷

会计与金融学院，2013 级，班长。专业排名为 1/517。

获奖及评优情况：

共参评优秀学生奖学金 5 次，其中特等奖学金 2 次、一等奖学金 2 次、三等奖学金 1 次；

优秀学生 1 次、优秀学生干部 2 次、优秀团员 2 次；

2013—2014 学年，荣获学校“挑战杯”大学生创业计划大赛之大学生创业计划竞赛优秀奖；

2014—2015 学年，荣获广东省“我的中国梦——立志 · 修身 · 博学 · 报国”主题教育系列活动之宿舍文化创意 PPT 二等奖；

2015—2016 学年，荣获“校级优秀实践报告”等校级奖项 3 项。

越青春越折腾

一直以为会等到预备转正才会写自传，这次申请国家、光大奖学金让我也有机会提前开始写自传了。我在大学中参加过一些学科竞赛，但成绩并非优秀；加入过一些学生社团，但也非特别突出。我，其实就是个普普通通的我。所以，写下一些大学生活的体会来与大家交流分享。

一、专业选择

2013 年的暑假，经历了高考，成绩虽然一般般，但也能让我步入一所比较满意的大学。那个时候我的理想专业是会计学，也不知为何我对会计专业有种由衷的憧憬，然而会计学专业相当热门，因此我决定放弃 2A 院校来到了北京理工大学珠海学院，因为“学在北理”嘛。但是在大一学年中，我并没有好好学习，也不知道学习的重要性，只是刚好取得优秀学生三等奖学金，但是也正是这次机会，让我发现其实努力学习你不止只有那么一点成绩。因此在努力学习后，终于能取得优秀学生特等奖学金。

二、学生工作

刚入学，我们的班主任走访宿舍之后，叫我先担任班级的女生负责人，我感到十分荣幸，因为高中的时候自己并没有担任什么职位。因此我也认真负责为班级同学服务。我本身不是一个强势的人，因此在班级工作中，我会多考虑大家的感受，从整体出发，满足大多数人的要求。

后来成为大学生体育联合会秘书部部长，这是一个事务非常多的部门，需要特别细心谨慎。在秘书部工作的一年里我学会了怎么从大局出发，怎么做好活动前的各项准备，怎么以不变应万变，我觉得这是在我以后的工作中都将十分受用的能力。因为工作的认真努力，后来我担任大学生体育联合会的主席，与部长的不同是你要学会怎么去统领大局，从对整个社团有益的角度出发考虑问题，并且要做好各个部长的思想工作，毕竟他们也是社团的核心力量。每次有机会与师弟师妹沟通，我都会跟他们说多出去走走，多参加社团活动，但也不能落下学习，毕竟这是拥有丰富校园生活的必备过程。

三、丰富的生活

虽说学习是一名学生的天职，但是大学中不光有学习，还有很多丰富的课外活动。我参加过一些比赛，比如“挑战杯”大学生创业计划大赛之大学生创业计划竞赛；“我的中国梦”——“立志·修身·博学·报国”主题教育系列活动之宿舍文化创意 PPT 大赛；校级暑期优秀实践报告；广东省“我的中国梦”——“立志·修身·博学·报国”主题教育系列活动之宿舍文化创意 PPT 大赛、第七届财会技能大赛暨广东省大学生会计技能大赛校园选拔赛、第四届财务分析大赛等。

除此之外，我还参加了一些自己感兴趣的课外活动，比如，我参加过学生社区文化节之“星级文明宿舍评比”活动并获三星级宿舍，获得过大学生艺术节“诗词歌赋”三等奖、“第一届关爱健康电子创意创新设计大赛三等奖”，等等。我担任过以下活动的主要负责人：大体联 LOGO 设计大赛、学校校运会、校园十榜之体育健将榜、体育狂欢节等。课余时间，我积极参加各项活动：如曾任全国大学生女子足球锦标赛组委会成员、第九届校运会终点裁判员、珠海市沙滩音乐节香洲公安局新闻办的宣传志愿者、第十届校运会成绩公告组裁判、横琴新区职工运动会裁判员、汕头市立真会计师事务所实习生、汕头市青少年志愿者等。也许有人不解，我为什么要花时间去参加自己并不擅长的比赛。我认为，只有在不断的培养与展示中才会得到提升与进步。

四、展望未来

我是一个没有野心的人，不曾奢望以后的人生多么辉煌，只求无愧于心。虽然，我只是普普通通的我，但我希望能够凭自己的努力创造出一点价值，为自己做出一丝改变。时至今日，我还未将优秀变成一种习惯，但优秀将是我永恒的追求。

谭晓伟

会计与金融学院，2013级，中共党员。专业排名为293/518。

获奖及评优情况：

共参评优秀学生奖学金5次，其中一等奖学金1次；

优秀学生干部2次、优秀党员1次、优秀义工；

2016年，荣获全国高校商业精英挑战赛第三届会计与商业管理案例竞赛二等奖；

荣获第二届全国英语口语测评大赛大学生本科非英语专业组三等奖；

荣获会计与商业案例分析大赛暨全国商业精英挑战赛校园选拔赛一等奖等校级奖项6项。

青春易逝，莫负年华

时光荏苒，白驹过隙。从呱呱坠地，赤裸裸地来到这个世界，到今日二十又二，踏上“奔三”的跑道，蓦然回首，发现已是青春跑得太快。虽未有夕阳无限好，只是近黄昏的感慨，但在这即将逝去的人生最美好的岁月前，只希望自己能有所希冀，莫负青春年华。

22 年前的那个夏天，我来到了这个从未来过的世界。刚来到这个世界的那几天，每天都有那几张熟悉的脸庞陪着我，也有来来去去的人来看我。没过几天，我又被带去了另一个陌生的地方，听说，那就是我在这个世界的家。那里有灶头，有茅房，有鸡鸣，有菜地，还有天天陪伴着我的亲人。虽然在农村老家仅仅生活了3 年，但也正是这3 年让我骨子里对农村一直有莫名的亲切。3 岁那年，懵懂的我和父母搬到了城里，离开了那熟悉的家，熟悉的土地还有那熟悉的玩伴。

3 岁，或许对于我在老家的玩伴来说，他们还能在田间奔跑，放着自制的风筝，追着满菜园的蝴蝶、蜻蜓，而我，则是去到了一个叫幼儿园的地方。由于父母工作的原因，每天天还没亮就去到了那个会有同学、会有老师的地方。夏天如此，冬天如此，每天迎接我的都是那个厨房阿姨，坐在厨房的小板凳上，期待着老师、同学们的到来。夜幕降临，看着身边的同学一个一个和老师说再见，然后看着一个又一个的老师和我说再见，在钟老师的陪伴下，盯着园外的那条小道，期待着母亲的到来……

三年也就这样过去了，小学前三年，我在镇上的中心小学上学，或许年少懵懂，或许是那每年都换的老师、同学，对于那三年的记忆少之又少。只记得一年级的时候，突然有一天老师红着眼眶说有一个同学永远不会回来了，当时的我仅以为她转学去了别的学校，后来才知晓，原来她到了另外一个世界；二年级的时候，因为期末考试数学没拿满分，作为数学科代表的我被老师给撤了；三年级的时候，拿着三科满分的成绩，离开了这所熟悉的学校。四年级的时候转学到了一所私立学校，在那一待就是六年，直至初中毕业。我一直觉得，那六年是我人生中最重要的六年，最起码现在的我是这样认为的。在那儿，有良师有益友，有浓厚的学习氛围，有外教，有无微不至的班主任，有自选的第二课堂，有画家、书法家、音乐家做自己的老师，在那里，学习变得多么的有趣。不仅如此，在那里更多的是让我学会了做人，学会了做事。在博爱的六年，我获得过十大孝敬之星，获得过奖学金，获得过书法比赛金奖……如果以十年为一个节点，那六年是人生中第二个十年里收获最多的日子。高中三年，如果把它比喻成一碗苦口中药，虽然很苦，但重在有效。而我的高中三年则是一杯清茶，平平淡淡，苦涩之后也有一丝的甘甜，往后回想，还能细细品味。学习上的事不含糊，学习外的时间也不含糊，该看的《环球人物》从不落下，该打的球也不会少了我，该去玩的地方从不爽约，有过忧伤有过喜悦，疯过傻过，三年也就这样过去了。

大学，是我成长最多的地方。大一懵懂入学，稀里糊涂地当上了班长，一干也就三年多了，一直希望自己能保护好这个大学的家。三年来，一起狂一起扛，四个校级荣誉，三个院级荣誉，是这个家最好的回忆。大二时，“幸运”地参加十榜，“幸运”地闯进了决赛，“幸运”地以第一名的成绩获得十榜，在我看来，都是幸运使然。在那一年里，不知疲倦地参加比赛，跌倒过，成功过，只望给自己的青春一个交代。大三时，当上了班导，有了一群可爱又青涩的“小朋友”，在他们身上，看到的是自己当初的影子，一切都是累并快乐着。还有一群一起奋斗的队友，初赛，复赛，决赛，国赛……也就这样一步一步去了北京，去了那从不敢奢望的全国总决赛。大学三年，我还喜欢随心地去做志愿者，数十次志愿行，一百多小时志愿时数，只为圆心中那回报社会的少年梦。岁月匆匆，大学四年，不是安分的四年，既没有成为学霸，也没有成为独当一面的精英，只成了那个随心而不负青春的自己。

青春易逝，希望在离开象牙塔之前，能抓住大学时光的尾巴，为自己的心中所想，再努力一把，莫负青春年华!

王超凤

会计与金融学院，2013 级，中共预备党员，生活委员。专业排名为 30/517。

获奖及评优情况：

共参评优秀学生奖学金 5 次，其中特等奖学金 1 次、一等奖学金 3 次、二等奖学金 1 次；

优秀学生 2 次、优秀团员 1 次、优秀党员 1 次；

2015—2016 学年，荣获 2016 年“全国高校商业精英挑战赛会计与商业管理竞赛”团队二等奖；

2015—2016 学年广东省大学生创新创业项目——模拟创办“乐活”户外运动策划公司 2016 年度省级结题；

荣获 2014—2015 学年校第一届管理案例分析大赛三等奖等校级奖项 4 项。

穷则独善其身，达则兼济天下

我叫王超凤，女，来自北京理工大学珠海学院会计与金融学院，2013 级会计学 5 班，现在是一名中共预备党员。时光荏苒，明年 6 月我将结束我的大学生活。回想起自己走过的 22 年，感受颇深。

我出生在一个平凡的家庭里，家庭氛围非常和睦。我在家里排行老大，所以从小就独立，小学四年级就开始住校，学习生活从来没让父母操过心。2013 年，我来到了北京理工大学珠海学院，正式成为一名本科大学生。三年过去了，刚踏进校门时那带着憧憬的情景似乎还真切地浮现在我眼前。等我开始适应这个身份的时候，我便开始想：四年后我要变成什么样子？无意中看到了《孟子·尽心》章句上的一句话：“穷则独善其身，达则兼济天下。”能力不足时就该抓紧时间好好充电，提升自己；等到自己有能力了，就该发光发热，主动承担起更多的责任。就是这份志向和情怀帮我确定了目标，于是，我的大学开始了。

在学习方面，我勤奋刻苦，力争上游，每年给自己制定目标并为之而不断努力，为班里的同学树立起榜样。

除了课堂学习，我还通过积极参加各种学术性比赛和社会实践来弥补自身不足，并获得了较好的成绩。大一时，我首次带领学院代表团在第九届“我爱我”心理游乐园趣味运动会中获优秀奖。比赛的荣誉背后是团队奋斗的宝贵经验和队友间的深厚情谊，我开始喜欢上参加各类比赛。大二期间，我们极速前进社会实践团队前往广东三大经济自由贸易区，调查其金融业及服务业的转型升级。经过一个多月的实地走访，我们把社会实践报告上交给了学校。经过评定，我们“极速前进”队伍实践效果显著，调查内容有深度，荣获了暑期社会实践“优秀团队”，团队撰写的报告也被评为校级优秀社会实践报告，我也获得了“优秀队员”的称号。大三上学期，我加入了合龙门团队，参加了“会计与商业案例分析大赛暨全国商业精英挑战赛校园选拔赛”，并获得“团队二等奖”以及全场唯一一位“最佳个人表现奖”。校内选拔赛过后，经过考察，又被选为学校代表队到北京参加全国赛，从初赛、复赛、决赛再到北京参加全国赛，历时 6 个多月，我们的商业策划书改了一遍又一遍，最终在全国近 100 支队伍中获得二等奖，对于我来说是一份很大的激励。

生活中，我从来不是一个“安分”的人。2015 年 5 月，我和同学们组队参加了广东省大学生创新创业的项目，模拟创办了“乐活”户外运动策划公司，历时一年，项目已经获得了 2016 年度省级项目结题。我们结合本专业学习的管理知识、财会知识，学以致用，洞察会计资质服务咨询的潜在市场，通过市场调研、实地调研等方式进行充分市场调研，搜集相关数据资料，找准市场定位，模拟创办公司。经过中期的项目检查之后，我们“乐活”户外运动策划公司已经初步尝试了一定规模的业务运营，经营效果符合预期设想，但是要想更好地经营，仍需进行下一步的摸索。通过此次项目实践，我把视野从学校延伸到社会，不仅更好地理解了自己所学的专业知识，也逐步了解未来的就业形势，为找准自我定位迈出了坚定的一步。

学校培养了我，我也不能“独善其身”，我也主动承担起更多的责任。在 2016 级新生专业大会上，我有幸作为嘉宾为师弟师妹们做了一个演讲，和他们分享了我的大学故事。我希望能尽绵薄之力，在他们大学伊始给予一点小小的启发，帮助他们活出精彩的自己。连续三年担任班里的生活委员和辅导员助理，我不仅和同学们打成了一片，做他们的“知心姐姐”，聆听同学的心声，还替学院辅导员减轻工作压力，为全年级的同学服务，工作能力得到了老师和同学们的肯定。这份坚持是我大学生活里弥足珍贵的回忆。前进路上我不敢放慢脚步，作为大三师姐，我竞选党员服务中心主任一职，挑起了大梁。在任期间，党员服务中心被评为“学院最佳社团”，励志讲堂被评为校优良学风精品项目，首创以微话剧的形式开展党员教育，帮助党建工作迈开了一大步。作为学生党支部的一员，我欣然连续两年担任院级党课的讲师，认真准备课件，选拔出一大批优秀的入党积极分子，为党的发展不断注入新鲜的血液。

天道酬勤，付出了就一定会有收获。大学期间我被评为“优秀学生党员”“优秀学生干部”“优秀团员”“优秀心理委员”以及“优秀学生”，这是学校对我的努力给予的肯定，今后我将不负期待，以更积极向上的姿态继续努力。

“穷则独善其身，达则兼济天下”，这句话一直告诫着我要胜不骄败不馁。人生路上哪会没有挫折？但在写自传时我能想起的仅仅是那个勤奋、踏实、坚韧、打不倒的我，所有的不顺在现在看来似乎都没那么让人难过了。即将走向社会，我倍加珍惜在校的大学时光，谦虚的态度和强大的责任感让我的知识和精神变得更加丰富，也使我的生活更加充实。

热爱生活，找准定位，大学期间我一直在规划我的职业生涯，关心时事，提前感受这个社会。现在我想借着争取 2016 年光大奖学金这个机会，重新审视自己并把一切归零。我想向更多优秀的前辈学习，以全新的姿态面对未来的挑战。

王伟业

会计与金融学院，2014 级，共青团员。专业排名为 8/203。

获奖及评优情况：

共参评优秀学生奖学金 3 次，其中一等奖学金 3 次；

国家励志奖学金 1 次；

荣获 2015—2016 学年度北京理工大学珠海学院校园科技学术节系列活动之第四届 EVA 经济价值分析大赛二等奖等校级奖项 4 项。

一受挫就止步，怎能等到柳暗花明

我过去时常问自己，在我受挫折、迷茫的时候，我应该怎么做呢？

到了今天，我是这么跟自己说的：不荒废时光，也无须胡思乱想。不知所措的时候，我只需把手头上的事情做好。我相信，只要自己足够努力，在未来机会出现的时候，就没那么容易失去，就能有选择的权利。

关于高考那些小事（受挫）

我是往届生，2013 年和 2014 年连续参加了两年高考，但是两年高考几乎都考在同一条线上，因为家庭经济条件不好（父亲是一名退役军人，父母均已超 60 岁），摆在我面前的就只有两个选择，要么选择贷款去读学费昂贵的三本，要么选择放弃念书（当时的想法是与其读专科，不如选择不读），投入社会的洪流中。高考后的那一段时光，无疑是我人生最黑暗的时候，看不到任何希望，我真切地感受到——我的人生完了。经历过漫长的心理斗争，在家人的鼓励下，我终于下了决心：继续我的学业，去念昂贵的三本学校。于是乎，家里东拼西凑了一万多块，完全不够学费，我们只好选择国家助学贷款。犹记得，开学第一天，依旧像以往开学一样，我背着一个背包就去报道了。那天阳光灿烂，校园的马路上熙熙攘攘，接送孩子上学的私家车不断从身边经过。可能因为家庭的特殊原因，我从小异常独立，很快就自己找到了绿色通道。还记得，那天我低着头对工作人员说：我要贷款……那声音大概小到用扩音器也听不清楚。最后，工作人员给我找来了辅导员，我人生中的第一个导师，也是影响我整个大学乃至一生的导师——卢义老师。他邀请了我坐下来，然后拿着笔记本详尽而且耐心地去了解我的情况并进行记录，我忘记那次谈话谈了多久，一个小时，两个小时……最后，只记得，辅导员拿出一张缓交申请表叫我填写。还很清晰地记得，我是含着眼泪去填写了这张改变了我一生的表格。

至此，我想说，如果一开始我被眼前的挫折打败，放弃了继续学业的念头，我可能会因此遗憾终生。如果没有国家的扶持政策，如果学校不认可我的贷款条件……人生没有那么多如果，一受挫就止步，我怎能等到今天的柳暗花明。

关于我的大学（柳暗花明）

终于上了大学，终于迎来梦寐以求的大学生涯。可能因为这一切历尽艰辛，才格外显得弥足珍贵。大一，我发了疯地学习、生活、工作、兼职。上课，我永远是坐在第一排的那个男生，永远是第一个冲上去给老师擦黑板的那个学生。平时课余时间，我去担任图书馆志愿者，搬书、拣书，打扫卫生，关门开门，第一个来，最后一个走。到了周末，我去做各类公益活动，去探访聋哑儿童，陪他们做游戏，我去养老院陪老爷爷下棋，陪老奶奶聊天，帮他们捶捶后背，揉揉肩，给他们带去温暖和快乐。我竞选班委，满票当选团支书。我去面试社团，去旁听高等数学。所有的行程都被安排得满满的，但是我丝毫没有感觉到累，我真真切切地感受到了，这就是大学，这就是我的大学！充实、青春、热血激情，很享受！我去听了很多优秀学长学姐的分享会，心里早已埋下种子——总有一天，我也会站在这偌大的舞台，给别人分享我精彩的大学生活。经历现在，回想当时，同样的，我今天终于能站在舞台上，向师弟师妹们分享我过去两年的大学生活，才真正地意识到：表面风光的背后，你看不到他们付出的努力，你看不到他们所吃的苦，你看不到他们在黑暗的角落里流下的泪水。他们之所以能取得让人望尘莫及的成绩，只因为他们付出了常人难以企及的努力，他们的一切都经得起岁月的推敲。

在此，我想简单地列举我的一些个人事迹。

工作方面，现任2014级现任班级团支书、2016级财务管理3班班导生、会计与金融学院共青团第一届委员会委员，曾任学生助理、财务管理协会学术部部长。

校外实践方面，参加过各类公益活动，参与社会调研，例如中国扶贫基金组织的“善行100”大型公益活动等。

学习方面，获国家励志奖学金1次，三次评选校级奖学金，其中一等奖3次；

竞赛活动中，积极参与各类竞赛，不断地把理论知识运用到实际中去。

在校期间，获得荣誉17项，其中省级1项、校级10项、院级6项。

列举这些，仅仅想传递一些信息，与大家共勉——没有谁的青春是一路踩着红毯微笑走过的，在那些成功的光鲜背后，更多的是你不曾看到的艰辛与努力。你所珍惜的每一个瞬间，都通向你的未来。当你走过山重水复，必定会柳暗花明！

感恩大学，感恩生活，感恩我的导师，感恩失败与成功。未来两年，我仍将积极进取，自强不息，厚德载物，把正能量传播给更多的人。

吴慧静

会计与金融学院，2013 级，共青团员，生活委员。专业排名为 3/333。

获奖及评优情况：

共参评优秀学生奖学金 5 次，其中特等奖学金 4 次、二等奖学金 1 次；

国家励志奖学金 2 次；

优秀学生 2 次、优秀团员 1 次；

2015 年“网中网杯”财务决策大赛三等奖；

2015 年北京理工大学珠海学院暑期实践报告优秀奖；

2016 年“网中网杯”财务决策大赛冠军；

2016 年全国“网中网杯”大学生财务决策大赛南区优秀奖。

铿 锵 玫 瑰

Some people succeed because they are destined to, but most people succeed because they are determined to. 我一直把这句话奉为圭臬。我相信所有人取得的成绩绝不是因为偶然，也绝非命定使然，而是因为我们在做每一件事之前比别人多下了那么一点点决心，只不过在做每一件事时比别人多付出了那么一点点努力，最终积跬步以至千里，我们得以用今天的成果回报当日的耕耘。大学生活，我觉得我收获最大的是，让我变成一个独立、坚强、努力的吴慧静。

“宝剑锋从磨砺出，梅花香自苦寒来。”我深深感受到这句话的真谛。在学习上，我获得 4 次特等奖学金、2 次国家励志奖学金，历年平均绩点为 3. 94，总成绩专业排名第三，并自学通过了 CMA 全科、会计从业资格证、会计初级会计、英语四级、银行从业资格证、证券从业资格证、计算机二级等考试。这些成绩的取得与我的老师和同学们的支持是分不开的，衷心感谢他们！在工作上，现任2015级财管一班的班导生，陪着这群学生共同成长，与他们分享我在大学的收获。在担任班导生的过程中和学生之间发生了很多令人感动的故事，这些成为我大学经历里的一道亮丽风景。

我觉得大学里我最大的改变是从一个小女生变成了一个独立、坚强的大女生。上了大学之后，我没有向家里拿过生活费，生活所有的花销都来自做家教、兼职和奖学金等。在大三的时候和朋友一起合作开办了家教补习班，主要补习高数、概率论、线性代数等，还有会计从业资格、初级会计辅导班，目前盈利状况良好，可以负担我的日常生活所有开销，更重要的是开班过程中提高了自己处理各种突发情况的能力。在今年五月份的时候，我的身体出现了耳鸣、呼吸急促等症状，去医院做了一系列检查，最后医生告诉我，我的耳蜗深处长了一个胆质瘤，需要进行手术摘除，不然瘤子越长越大，会压迫神经导致失聪。当天我就登记了入院，排期手术。当时我正在准备CMA考试，由于一直耳鸣，也导致了我严重的失眠，那段时间学习和身体的折磨让我精神有点崩溃，但我都扛过来了。考完试后，我接到医院的入院通知，我一个人去办了住院手续，第二天坐在轮椅上被推进了手术室，当时躺在手术台上，虽然我知道这场手术不会危及生命，但当时的脑袋里想的是："等我好了，我一定要好好珍惜所拥有的一切，每一天都过得有意义。"四个多小时的手术结束了，很幸运手术十分顺利。大概在医院住了十多天，在出院的前一天晚上，我给妈妈打了个电话，告诉她我生病了，做了手术，但明天就可以出院了。我听到电话那头妈妈哽咽哭泣的声音，那时我才发现其实我是个很自私的人，当初是因为觉得父母工作很忙，不想让他们奔波、担心，并且我觉得自己有能力去解决这些问题，所以选择不告诉他们。但现在我发现我那样做是很自私的，我这样做虽然让自己心里好过了，但却让爸爸妈妈觉得很内疚，觉得自己没有照顾好自己的孩子。生活好像很喜欢跟我开玩笑，在七月份的时候，我留校准备CMA的第二门考试，有一天起床洗漱的时候，发现我左侧下颏肿得凸起来，去医院做了一系列检查后，医生再次告诉我，我左侧下颏长了一个淋巴瘤，我需要做手术切除，不然瘤子越长越大，会压迫脸部神经，会导致我左侧脸部面瘫，嘴巴无法合闭。但现在瘤子位置不好还不能马上手术，现在只能吃药控制，但终究还会有一次手术等待着我。人生总会遇到各种挫折，生活还是要继续，我只有坚强勇敢地面对。我应该庆幸的是这些病痛并没有夺走我的生命，所以我要更勇敢地活着。

回头看看自己这三年来走过的路，经历过的一次次挫折，获得过的一项项荣誉，感受过的一丝丝懊恼、沮丧、欣喜与感动，我发现正是它们组成了我最美的大学，对于我而言，在人生的每个阶段，“不悔”就是最圆满的结局。

最后，请允许我表达最真诚的感谢。谢谢老师们给我的包容和关怀；谢谢我的父母，谢谢他们无怨无悔的付出；谢谢亲爱的自己，谢谢她三年来能够一直恪守信念坚定前进的步伐；更要谢谢学校，谢谢她给我们一个成长的舞台，我们永远都会记得青春的音符从北理响起，青春的风帆从北理起航！

郑适钊

会计与金融学院，2014 级，共青团员，年级委员会会长。专业排名为 1/95。

获奖及评优情况：

共参评优秀学生奖学金 3 次，其中特等奖学金 1 次、一等奖学金 2 次；

国家励志奖学金 1 次；

2016 年会计与金融学院最佳暑期社会实践团队成员。

阳光风雨在路上

我是郑适钊，来自汕尾陆丰市的一个小村庄。在改革开放后不久，20 世纪 90 年代的一个小村庄尚且不能为一代孩童提供良好的学习环境，且由于家庭并不富裕，于我而言青少年时期的成绩也许不算是一份亮灿灿的成长证明。曾以为与大学无缘的我，由于高二半年的奋力一搏，英语成绩由 27 分提高到 117 分，这才改变了当时我在某种程度上的不可能，使我得以考上了北京理工大学珠海学院。我是家中第一个上大学本科的人，也是亲戚中第一个上大学本科的人，我为这件事感到自豪，也正因为如此，我从一个不自信的孩童，越来越成长为一个自信乐观的青少年。

2014 年 9 月初来大学，我满怀激动与憧憬。那时候的北京理工大学珠海学院还在 2B 院校的行列，学费对于我来说比较高，但从一开始我决定选择北京理工大学珠海学院而不是其他专科院校的那一刻起，我就告诉自己一定要过一个不一样的大学生活，要在大学中实现自己的价值，不能浪费家庭辛苦供给的学费，不能辜负家人殷切的目光。

大学第一学期开始，我当上了班级临时负责人，也在班委竞选中成功竞选上了团支书，社团也参加了四五个，好像真的就在那一个月我看到了一个全新的自己，尝试各种以前从没参加过的活动。可慢慢地我却找不到方向，不知道如何才能更好地实现自己价值，如何才能变得更加优秀，我变得有些许彷徨。在些许的彷徨中，我接触到了“北理工秋季招聘会”，可以说这是前行路上突如其来的光亮吧！190 多家的企业参加招聘，对于一个大一新生来说，是第一次接触到了毕业就业的相关信息。现实冲击了我，无论当时我的各个方面是令人满意还是差强人意，我都告诉自己所有的事情都要尽力去做，全力以赴不留遗憾就是我当时最大的心愿。所以，我最终以专业排名第二的成绩拿到了我人生第一次奖学金。

兜兜转转晕晕乎乎，在我大一最迷糊的阶段，我的班导李雅师姐是最令我感谢的恩师，也是她让我知道我的大学方向是什么。因此我在大一第二学期中，听从雅姐的建议并衡量各个方面，退掉了很多校级社团，这其中包括门槛较高的大学生职业发展协会。我决心回到学院发展。我认真履行班级团支书的职责，经常也会找辅导员聊天，各种活动比如元旦晚会、公益活动、学院活动等都能看到我的身影，很多学院的比赛我也会以工作人员的身份去帮忙。我开始找到了自己的发展方向，当然我在大学一直以学习为主，实践为辅，两者兼顾。在大一的第二学期中，我还是在班级中排名第一，专业排名第二，顺利拿下一等奖奖学金。

2015 年的大二，可以说是我大学生活中的转折点。

大二刚开学，学院迎新、新生素素拓展活动相应开展，我也在那期间受聘担任学院团总支办公室副部长一职，这让我更加了解到学院的性质和新生工作的情况，为我更好地服务学院打下了扎实的基础。在大二第一学期中，我高分考到了会计从业资格证，当过研究生考试的志愿者，第一次组织并策划一个学院活动，若干次去校外做兼职等，在不断的忙碌中充实了自我。在此期间最重要的是第一次拿到了专业第一名，得到了特等奖学金。迷茫低沉后的忙碌充实让我更加有信心、有力量去披荆斩棘。

大二下学期是我最发光发亮的一学期，可能有了上学期自己在学院发展的经验，一开学我就积极选举推优，上了院级党课，努力向党靠拢；之后又成功竞得 2014 级年级委员会会长一职，并成功地组织、主讲了第一次属于自己的活动——概率论公开课。由于我的高数成绩和线性代数都是满分 100 分，更是因为本着为学生服务的心，我尝试去开课，去帮助那些需要的人。很荣幸我的开课过程中，在开讲前半小时教室就已经爆满，甚至门口都排满了队，特别是讲完课之后的掌声，以及同学考试之后的满足与道谢，都让我觉得很大程度上实现了自己的大学价值，无比荣耀。也是由于这次课程的经验及良好反馈，使我有了后续第二次的“高数辅导课”，而这次的辅导对象，是整个学院，学生范围是大一到大四，甚至其他学院的学生也闻讯而来，这次的人数也比之前更多，甚至有学生提前一小时来占座。成功开完高数课之后，我在学院受到更多人的瞩目，甚至其他学院的学生和老师对我的关注也倍增，真正意义上让我觉得大学确实实现了自己的小梦想。

纵观进入大学的前两年，有激动也有迷茫，有高峰也有低谷，我也曾笑过哭过烦过累过，但我依然感谢我走过的每一步并为之感到自豪。孟子曾说：“天将降大任于斯人也，必先苦其心志，劳其筋骨，饿其体肤，空乏其身，行拂乱其所为，所以动心忍性，曾益其所不能。”因此欢笑背后的经验与伤心背后的教训都让我对未来更加充满信心，我会带着满腔孤勇继续前行，成为一个更加完美的自己。

阳光风雨在路上，我是郑适钊，精彩人生未完待续！

邹晓沣

会计与金融学院，2013级，共青团员，教务处学生助理。专业排名为2/324。

获奖及评优情况：

共参评优秀学生奖学金5次，其中特等奖学金2次、一等奖学金3次；

优秀学生1次、优秀团员2次；

2015年，荣获“税友衡信杯”全国税务技能大赛本科组总决赛优秀奖；

2015年第六届IMA校园管理会计案例大赛入围华南赛区总决赛；

荣获第三届税务精英校园挑战赛一等奖等校级奖项5项。

人之所以能，是相信能

回想起2013年说不上最完美但一定是最励志的夏季，带着期许走进北京理工大学珠海学院这座充满朝气与理想的象牙塔里。曾经的我以为，在大学四年的岁月里，仅仅需要三点一线（宿舍、教学楼、食堂）简单的生活便足以。然而在这渐行渐近的轨迹中慢慢地细味，似乎得出了不一样的答案。作为新一代的大学生，不该甘心地接受平凡，我拥有着描绘自己未来蓝图的权利，我应书写着属于自己浓墨重彩的青春。不停环绕在我身边的是每段新的际遇，本来生活在各自不同的城市，毫无交集的对方，却成为你最亲密的舍友、最赤诚的良师，文化大荟萃的社团活动成就了过去从未发现的卓越的自己。那些本以为会书写得平淡的日子，却是我蜕变成为一个崭新自我的起点。

在学习成绩上，我一直在年级里名列前茅，争当榜样。在过去，我总认为学习成绩就是代表大学生涯的全部，但事实上并非如此，光通过专业理论知识的考核并不足以对学习知识有着深刻理解。为此，从大二开始，我便积极地参加各种学科知识竞赛，希望能够通过比赛把知识融会贯通，也希望在竞赛中检查自身的不足。刚刚开始参加比赛的时候，发现原来自己在学习方面也存在着不少薄弱的环节。知识是无穷无尽的，随着各种比赛的经验累积，我的知识面也随之扩展。除了个人参与比赛以外，也积极与其他同学参与团队竞赛，在比赛中，互相学习，交换思想，积极完成团队的任务，不仅积累了实践经验，也收获了弥足珍贵的友谊。最让我难忘的两个比赛经历，其中一个是全国“税友衡信杯”的比赛，在最开始的校园选拔赛中，我从数十位的参赛者中脱颖而出获得一等奖，并且与其他两位同学一起代表学校参加全国的海选赛，海选赛通过以后再远赴杭州参加最终的全国本科组的总决赛。整个比赛历经两个多月的时间，除了自身的努力以外，更多的是与同伴之间的相互讨论学习，以及老师给予的帮助。忘不了的是每个在图书馆、自习室讨论训练的日夜，忘不了的是老师给我们指导的每个时刻，更忘不了得奖后那一幸福的瞬间，那是过去还没体验过的感动。还有另一个比赛便是第六届 IMA 校园管理案例大赛，与几位志同道合的同学们成立一个团队，从刚开始零散的构思，到最后一份完整的策划书，那个过程我们经历了不少困难，但最终都努力地克服了，得到了老师们的肯定。虽然在校园选拔赛上我们与冠军失之交臂，但我们没有气馁，反而越挫越勇，从中汲取经验并发现存在的不足，经过一个多月的反复修改与完善，在最后的区域选拔赛中，成功地成为珠海市高校唯一一支入围华南赛区总决赛的队伍。除了参与财务决策大赛、税务知识大赛等学科方面的竞赛，我还参与了征文大赛、微话剧剧本大赛等比赛，都获得了较好的成绩。

我曾担任教务处学生助理及校青协与中医药营养健康协会干事。在担任教务处学生助理期间，我获益良多，得到了老师们对我工作能力与工作态度的肯定。在与其他助理的默契配合中，我累积了丰富的工作流程与人事交际关系的实践经验。在校青协与中医药营养健康协会担任干事的时间，在四年的大学时光里并不是占据着很大的部分，却是让我难以忘怀的一段回忆。在我对大学规划还处于比较茫然的状态时，在那里遇到了师兄师姐的友好帮助，获得了同学的友谊，使我慢慢地学会融入一个全新的集体，也培养了我多方面的能力，让我的前行目标更加的明确，也让我在北理工找到了一份亲切的归属感。

在课外我也积极地参加各种综合实践活动，除了在课堂的学习以外，在大学期间里我分别考取了初级会计职称证书、会计从业资格证、计算机二级证书等专业证书，通过了大学英语四、六级，韩国语 TOPIK Ⅱ四级等外国语言水平测试。希望将来能够有机会站在更大的国际舞台上，实现自我，超越自我，代表北京理工大学珠海学院展现我校的精神魅力与风采。在大二的暑假期间，以故乡的东华里旧址为题材，组织采访了佛山人心目中的东华里的实践报告，获得了2015年度校级优秀暑期实践报告。在大三的暑期里开始了我的实习之旅，完成对康力达、英特万科以及恒讯通讯三家公司的月度会计处理工作，勇敢地迈出了我社会工作的第一步，并且获得了会计导师对我专业工作水平能力的肯定，也让我更加坚定不移地向着自己的目标前行。

我始终深信着一个信念："人之所以能，是相信能"，从肯定自己的能力出发，尽全力做到最好，无论在前行的道路上有多少的苦涩或甘甜，都要学会欣然接受，不辜负光阴所赋予的精彩。我要为我大学这块珍贵的画板填满更丰富、美丽的色彩。

陈柔米

民商法律学院，2014 级，共青团员。专业排名为 18/407。

获奖及评优情况：

共参评优秀学生奖学金 3 次，其中特等奖学金 1 次，一等奖学金 1 次，二等奖学金 1 次；

优秀学生 1 次、优秀团员 2 次、优秀干事 1 次、优秀社团干部 1 次；

2014 年 11 月，茂名市“格力杯”才艺大赛器乐组优秀奖。

时光未老，奔跑的脚步别停

那年 9 月，我大一，青涩地懵懂地拿着学校派发的小红板凳参加开学典礼，安静地聆听着学院领导讲述法学专业的方向定位。

时光洪流如此汹涌，自顾自地沿着它不可逆转的宿命轨迹前行。今年 9 月，我已大三。场景没变，依然是那个庄严的礼堂，只是从坐着变成了站着，穿上衬衫黑裙，打扮成大人模样。这年，我成为民商法律学院 2016 级新生班主任。

两年，不长不短，在这期间，我一直慎终如始，从未松懈。

或许该感谢入学前参加的新东方英语训练营，这使我在走进校园的第一天起，就已准备好个人的发展规划。

我的主修专业为法学，或许是被正义女神散发的光芒感化，即使知道该专业目前就业前景坎坷不平，还是一头撞了进来。我相信没有救济就没有权利，我希望在不向权势低头的同时，倾听受害者的声音。出于对专业的热爱，2014 年，在宪法老师的引荐下，我作为一名普法工作人员参与了珠海市司法局联合其他各局举办的宪法日宪法知识宣讲活动和专项法制宣传活动，并于同年多次协助珠海市香洲区司法局编写普法问答题以及普法宣传漫画文案。2015 年 10

月，我联合珠海市香洲区司法局普法办、北京理工大学珠海学院法律实践协会及珠海市香洲区十五小学策划并开展了“送法进校园”普法活动，该活动在为小朋友们普及基本法律常识的同时，也起到了一定的引导示范作用。

为了明确专业发展方向，我利用假期时间，分别于茂名市中级人民法院、茂名市人民检察院实习。在处理各种实务问题的过程中，我渐渐明白，不能止于纯粹的法律研习，应多方面同步发展。

2014 年，由于一组数据，我开始关注微信。2012 年 3 月底，微信用户破 1 亿，耗时 433 天。2012 年 9 月 17 日，微信用户破 2 亿，耗时缩短至不到 6 个月。2013 年 1 月 15 日，微信用户已达 3 亿。正是微信用户的急速增长和其方便快捷的使用方式引起了我的注意，我开始意识到随着时代的发展，越来越多法律执业者开始选择通过互联网传播其学术理论，并进行诉讼指导。2015 年 3 月 5 日，李克强总理提出“互联网+”计划，这与我的想法不谋而合。互联网日益成为人们生活不可缺失的一部分。互联网+打的诞生了滴滴快车等打车平台，互联网+外卖，师生足不出户便可在宿舍坐享美味佳肴。或许在不久的将来，互联网+法律会被提上议程，起诉立案审理调解撤诉等程序能通过网络平台操作确认，以便捷的程序解决目前审理案件流程烦琐复杂的问题。

因为那些一直在背后默默付出的后勤安保人员，我将我的互联网发展对象选定在学校的职能部门——后勤保卫处。在与后勤保卫处的老师们反复交涉后，一个方案初步成型。几个人的团队，运营一个微信订阅号，自带单反拍照采访，联系媒体参与互动，与赞助商签约，测试投票系统，几天几夜不眠不休，终于在“五一”劳动节前策划并开展了“走进后勤”系列活动，线上播报学校后勤各岗位的工作内容与对校贡献，线下与同学互动开启为宿管阿姨点赞留言系统，同时为每栋的宿管阿姨送餐。5 天，75 小时，3 179 条留言，11 057 个赞，活动结束，该微信订阅号“北理勤助手”粉丝人数从 18 人突破至 8 000 人。同时，由于其公益性质以及良好的社会影响，该活动受到珠海电视台、《南方都市报》、《珠海特区报》等媒体的跟踪采访与播报宣传。

虽说这只是我对互联网+计划有关微信订阅号的探索，但也正是因为这个契机，我结识了一群来自各个学院的朋友，我们决定把这个订阅号做下去，让其作为后勤保卫处的官方微信公众号平台，持续报道这些往往会被我们忽视的后勤工作者。如今，源于“北理勤助手”微信公众订阅号的这个团队已于 2015 年 6 月注册为学生社团“校园服务协会”，这不仅标志着后勤保卫处微信公众平台的社团化，也标志着我们将通过互联网+的传播方式，持续地为同学们服务下去。

2015 年，谨遵学院“法律+会计+英语”的人才培养计划，我修习了会计双学位，并于 2016 年获取了会计从业资格证书。有同学曾经问我，为何不直接考证，反而选择花费大量的时间修习一个学位。这个想法坚定于我在法院处理的一个合同纠纷案件，处理这个案件的过程让我不断地意识到经济学在处理民商事案件中的重要性。在实务中，企业间的民商事务纠纷往往涵盖着太多经济问题，这类纠纷案件对法律职业者的经济学水平都有着极高的要求。现实生活太过复杂多变，故法律人在处理民商事法律案件中绝不能只具备一个证书的技能。

天道酬勤，思者常新。我相信一分耕耘，一分收获。这两年，我在坚持学业的同时担任班级班委、民商法律学院年级委员会学习与实践级委、2014 级辅导员助理、校友工作协会策划部副部长、校园服务协会外联部部长、采编部主编，现任民商法律学院新生班主任。在担任学生干部初期，我没自信，也碰过壁，但哪棵大树不是从一棵落地生根的小树开始，承载四季风霜、任磨难在枝头，最后慢慢长大繁荣的？感谢两年来同学的包容和恩师的关怀，正是你们的一路扶持，让我逐步走向成熟。

博观约取，厚积薄发。或许是对法律的热爱，或许来自对互联网发展的探索，或许就是对辅修会计的执着，我一步步地积累着，按着我的发展计划走到了这里。念念不忘，必有回响，在接下来的学习生活中，我仍会几年如一日地专注着，不求冲上云霄，但求不负心中的火焰。

高泳诗

信息学院，2014级，中共党员。专业排名为6/181。

获奖及评优情况：

共参评优秀学生奖学金3次，其中特等奖学金1次、一等奖学金2次；

优秀学生干部、优秀团干部；

2015年，荣获GE智能平台全国高校自动化大赛二等奖、全国大学生数学建模大赛优胜奖；

荣获第七届机器人大赛循迹赛一等奖等校级奖项5项。

成功不会缺席，它只是迟到了而已

我刚出生不久，父亲找茅山义士占了一卦，茅山义士说我："此子命犯桃花，必须要用女性名字逃过此劫。"现在，我已经开始不再迷信，我相信我们命运掌握在自己的手里。我相信："越勤奋的人，越幸运！"然而我也想对我的父亲说："您这是对儿子的关爱还是诅咒呢？"

我是一个从农村来的孩子。父亲也曾经跟我说，你学习学不好的话就回来耕田吧。但是父亲普普通通的耕耘不是我想要的啊。现在是21世纪高新科技时代，我想接触更高等的一个层面啊！我也有自己的梦想！然而现实却告诉我："孩子，高新科技需要雄厚资金的支持。一个小小的单片机学习板和嵌入式STM32已经要好几百了啊。你要省吃俭用多久才能买到啊！"这时我开始自嘲，我是不是一开始就在做一个破碎的梦呢！

生活并不是这样的，生活充满了希望。当我加入GE智能创新团队，认识了张小凤老师时，就像一个纯真的小孩得到了自己想要的礼物，高兴极了，因为这时我看到了前方前进的道路。最近以我为负责人的项目在学院老师指导下成功申报了2015年广东省大学生创业训练计划项目。这为我的创业梦打下了坚实的基础。

与此同时，我不能忘记自己的初衷。我只是行走在前往梦想的道路上，要实实在在走好每一步！现在我也有近期的梦想，我参加了学校的党课，我想通过党课的培训，尽早成为一名合格的中共党员。我参加了这次的数学建模国赛，我想通过自己的能力为北京理工大学珠海学院争取荣誉。我参加了GE智能创新团队主办的艾派克杯，我想实现我的机器人扫地的梦想。

我选择这个专业的时候，我多么想像蜘蛛侠一样拿着单片机制成的发射器对整个城市说："The city need a hero."

我想像超级英雄一样拥有主角的光环。

我孜孜不倦地学习，获得了特等奖学金。科技方面也有了急速的增长，我获得过机器人大赛一等奖，代表过学校参加过全国数学建模大赛及全国工业自动化大赛。

我想像超级英雄一样传播正能量。

我有很强的责任心，得到了团队老师的肯定，在大二时成为最年轻的团队负责人。公益方面我与自强社合作开设全新的"暴走小课堂"，将自己掌握的知识分享给同学们。我多次讲解单片机及STM32操控系统，用我学习到的知识帮助同学解决问题。我现在是一名新生班主任，即将为学院带来一批进军科技的新鲜血液！

我想像超级英雄一样不断突破向前。

大学的路，我已经铆足劲走过了一半，但是我却丝毫不敢放松，我有个梦想，就是去华南理工大学就读研究生！为此我甚至背上冷漠亲情的骂名，在暑假里我在知行楼不断地提升自我，却不能实现奶奶想见见我这个最被宠溺的孙子的愿望！我多么想这一天快点到来，拿着研究生入学通知书跪在奶奶的面前请求原谅！

我想具备的就是超级英雄那种不畏困难的精神，成功不会缺席，它只是迟到了而已。

练小慧

信息学院，2014 级，中共预备党员。专业排名为 10/180。

获奖及评优情况：

共参评优秀学生奖学金 3 次，其中一等奖学金 2 次、三等奖学金 1 次；

励志奖学金 1 次；

优秀学生 1 次；

荣获第三届全国英语口语测评大赛（NSEC）本科非英语专业组一等奖；

荣获第一届关爱健康电子创意创新设计大赛二等奖等校级奖项 3 项。

坚持，直至不凡

本人练小慧，女，汉族，1995 年 9 月 22 日出生，籍贯广东惠州，北京理工大学珠海学院信息学院自动化专业，现为中共预备党员。

从小到大我的内心都有一个梦想，我希望自己能够成为一个优秀的人。我的父母对我的成长影响最大。小时候开始，母亲谦虚、细致、谨慎的生活态度，父亲刻苦好学的作风就深深地感染着我，教育着我，也鞭策着我努力去追求自己的梦想。因为母亲的谆谆教诲，我深信知识可以改变命运。中学阶段，我在各科学习上努力刻苦、争当先进；在各项活动中处处争先、不怕苦、不怕累。我暗暗下定决心，一定不能辜负父母的期望，一定要更加努力更加进步！

2014 年 6 月，我迎来了人生当中一个重要的转折点：那时候我参加了高考，在填报志愿的时候选择了校长推荐的北京理工大学珠海学院。在大学生活中，学业上我勤勤恳恳，努力学好各门功课，认真对待每一场考试，成绩优异，上学期综合成绩专业排名第一，平均绩点 4.14，曾获国家励志奖学金、特等奖学金等，并积极参加各类竞赛项目。课余生活，我积极参加社团活动，获得信息学院党总支办公室“优秀干事”的荣誉称号。因多次协助举办或主办科技类的大赛，有较丰富的社团管理经验，现担任电子创新设计团队的队长。作为一名大学生，作为祖国新一代的栋梁，我深知肩上所承担的责任之重。所以，在大学期间我努力投身社会实践活动，加入了大学生志愿者的队伍当中，在学校参加公益活动次数累计 38 次，我希望能够通过帮助更多有需要的人来实现自己的人生价值，践行“为人民服务”的崇高理想。

在大学，我认为最重要的是要学会如何合理地分配自己的时间。大一期间，我的课余时间除了学习、开展社团活动就是忙于兼职，那时我同时在做三份兼职，所以我第一次拿的是三等奖学金，但我觉得这样下去不行，与其现在去做一些谁都可以做得很好的工作，不如把更多时间放在学习上，放在参加比赛上，放在提升自我价值上。在为理想奋斗的路上，我通过自己不断思考、自省，发现了自身的不足之处。我的理论知识欠缺，还需要继续虚心去学习理论知识。我不能总是依靠别人的力量去解决自己的问题，我要慢慢在困难中锻炼自己，在暴风雨中磨炼自己的坚强意志，学会自己解决问题。与此同时，我还要能帮助别人解决问题，不断提升自己的思想道德品质与个人能力，争取不断向优秀的人靠拢，与志同道合的人一起共同进步。我深知一切贵在坚持，因此，我必须坚持，努力实现我的理想。

习近平总书记提出，中国共产党从来都把青年看作是祖国的未来、民族的希望，从来都把青年作为党和人民事业发展的生力军，从来都支持青年在人民的伟大奋斗中实现自己的人生理想。当代青年学生更要勇敢肩负起时代赋予的重任，铭记历史，奋发图强，关注国家现状，思考民族未来，锤炼火热青春，将爱国热情落实到学习中，以实际行动为民族复兴放飞青春梦想。

从现在开始，我将以实际行动严格要求自己，为人民做更多有用的事情，提升自己的社会价值，不辜负家里父母和学校老师对我的培养。

林显富

信息学院，2013 级，共青团员。专业排名为 3/383。

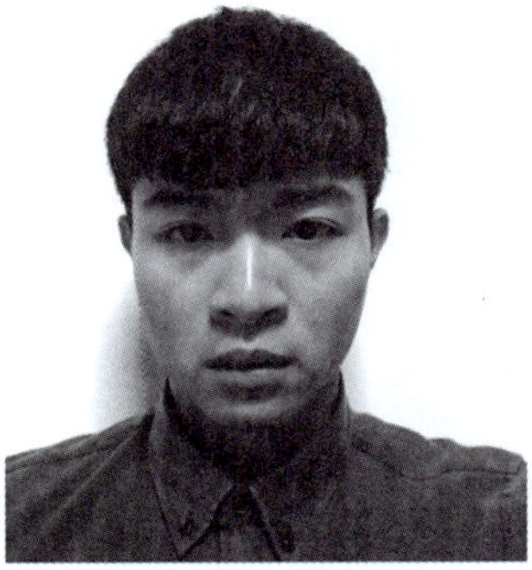

获奖及评优情况：

共参评优秀学生奖学金 7 次，其中特等奖学金 2 次、一等奖学金 3 次；

光大奖学金 1 次、信息学院安联锐视奖学金 1 次；

荣获 2014 中国机器人大赛暨 RoboCup 公开赛 FIRA5V5 项目比赛特等奖等国家级奖项 2 项；

第一发明人申请专利《基于无线控制的安防系统》等专利申请 2 项；

第一作者发表《基于动态运行轨迹的机器人足球策略研究》（被中国自动化学会评为优秀论文）等论文及学术报告 2 项；

2015 年全国大学生数学建模大赛获广东省二等奖；

荣获 2015 年北京理工大学珠海学院第一届“艾派克”杯创新大赛二等奖等校级奖项 7 项。

奋斗的青春不遗憾

结束了高考，带着青春懵懂而无知的心态来到了这所大学，面对着学校的新鲜事物、新环境以及新朋友，这对于我来说意味着一个全新的开始。三年过去了，我依稀记得自己当初的心境，踌躇满志却又充满着对未知前途的迷茫。然而对于在大学里的前进方向与奋斗目标，心里是相当的清晰，知道该做什么，担心的只是成功与否。

韩愈的《进学解》有句话说“业精于勤而荒于嬉，行成于思而毁于随”，意思是“学习由于勤奋而专精，由于玩乐而荒废；德行由于独立思考而有所成就，由于因循随俗而败坏”。在大学里更重要的是学会独立思考，独立学习。但很多同学认为，经历了高考的煎熬，来到了大学，终于可以放松了，于是终日沉迷于游戏当中。在此我仅想弱弱地问一句：来到这里，难道仅仅是为了通过游戏的虚幻来满足自己的内心空虚吗？显然，不是！来到了大学，这是一个全新的开始，这才是我们青春的真正起点。第一个青春是上帝给的，第二个青春是靠自己努力的。

弹指一挥间，三年的时间匆匆流逝，总结起来两个字——充实。有人曾经问我，该如何寻找自己前进的方向。一般我会对他们说，认真学好专业知识，就是你的第一个前进方向，但不要为了考试而学习，而要为了研究而钻研。因为一切的比赛以及科研项目均离不开专业知识的铺垫，就犹如建筑一栋高楼，如果没有稳固的地基，一切都是白忙活。巴甫洛夫曾说过“问号是开启任何一门科学的钥匙”，因此我一直本着“尽信书，不如无书”的观念来学习，学习不是纯粹的模仿，而是要创新。书上的知识，终究是理论性的，在学习的过程中，我常带着质疑的心态，懂得否定，才会有前进的空间。然而仅仅学好理论知识是远远不够的，看似平凡的小草却可在恶劣的环境中成长，那是因为它经历得够多。因此在校园中我会抓住每次可以让自己得到锻炼的机会，小到院级比赛，大到国际级比赛。在每一次的大赛洗礼过后，我会认识更多的朋友，学会在比赛紧张的氛围中如何应对各种突发情况，并强迫自己学习更多专业外的知识，从而增强自己的知识面。因此，我并不太看重比赛的结果而是看重其过程，所以每次比赛的失利，不会让我感到气馁而丧失前进的冲劲，反而会让我反省得更多，更能燃起我内心的激情。生命本身是一个过程，而成功和失败不过是过程中的一个小小片段。就像是人在旅途中，车辆或者轮船只不过是达到风景区的一个手段，总不能因为某一辆车抛锚而停止自己前进的脚步吧。俗话说得好，“锲而不舍，金石可镂”。

看似寻常最崎岖，成如容易却艰难

有了方向就有了梦想，现在缺的就是坚持。看似简单的每天按时上课，不逃课，这又有多少人做到呢？在这里，我将与大家分享我走过的路，追求梦想的过程。

我秉着考研的决心，走进了这所大学，因此，认为我的大学时间仅有3年，剩下的一年即为考研的时间。所以，我要将4年想要做的事情浓缩为3年完成。

记得大一时信息学院毅恒团队纳新，当时我心想，这将是我前进的开端。然而很遗憾，面试没有通过，但我听说可以通过毅恒的校内赛选拔加入团队。这使我迷茫的内心重获动力，我认为，通过校内赛选拔而进入团队，更能体现我的能力。欲望以提升热忱，毅力以磨平高山，经过几个月不懈的努力，最终通过机器人足球的校内赛选拔进入了团队，也因此担任了团队的机器人足球项目的负责人，并代表学校前往哈尔滨、合肥、北京等地参加全国赛以及国际赛，从第一次获得国家二等奖，第二次的国家特等奖，到第三次的国际三等奖，每一次的比赛，都代表着我的成长。曾经有人问我，作为一名专业是电气的工科学生，为何会接触完全偏向软件的项目呢？不是应该往硬件方面发展吗？我的回答是：这就像建筑一栋高楼，现在正在稳固房子的地基，因为我知道，一切的硬件的智能控制都离不开程序的控制，因此我接触该项目不是为了比赛而比赛，而是为了提高自己的编程能力，为接下来要做的事情打好基础。实际上，我是完全可以不需要弄软件方面，在弄硬件时，如果需要写程序部分，就找个编程能力强的做队友即可。但是，可否想过，假如某个关键时刻只能依靠你自己，又需要这些技能的时候，该如何是好？因此很多事情，如果自己有能力做的、有能力学的，何不花些时间去做、去学呢？因为，学到的都是自己的。

到了大二，放下了机器人足球的项目，地基稳固了，是时候建房子了。我认为，不要等待机会，而要创造机会，我跟队友寻找了学院的一名老师，说想跟他做有关软硬件结合方面的项目。是机遇，或是幸运，老师推荐了我们去他朋友珠海的一间公司学习实训。由于大一积累下的编程能力，在公司里，老板布置的软硬件项目，我很快就上手了。并且不到三个月，就进入了该公司的技术部门，参与产品的研发。这里需要补充的是，我们并没有收取公司的任何利益，作为一名大二的学生，有机会提早接触社会，并学到技术，这是学校里无法得到的，反过来想，似乎我要交学费呢。

走远了，不要忘记自己的出发目地，我的初衷是为了可以在考研前，尽可能地学到更多的东西，积累更多的经验，所以有些事情，要懂得舍弃。在外公司学习实训了一年，到了大三，因为需要着手准备考研了，因此我选择了离开公司。有所放弃，才能集中精力。

若非一番寒彻骨，怎得梅花扑鼻香

有同学可能会有疑问，把时间都放到了项目，甚至一年在校外公司工作，难道学习与工作不会有冲突吗？我的回答通常都是：如果会发生冲突，证明自己还不够努力。我一直觉得，时间越紧，可以完成的事情也就越多，因为背后有压力迫使你不断前进。我拿过国家奖项、国际奖项，发表过个人论文，申请过个人专利，还被邀请出席过两次国家学术技术会议。但这并不表什么，仅仅是我人生历程当中的过客，我并不会沉浸于荣誉当中而迷失了自己真正的方向，前面还有更长的路需要去探索。前有阻碍，奋力把它冲开，运用炙热的激情，转动心中的期待，血在澎湃，吃苦流汗算什么？既然环境不会改变，解决之道在于改变自己。

最后，我想跟大家分享我的一些感悟：首先，我们要有一个属于自己的梦想，如果做人没有梦想，和咸鱼有什么区别？梦想总是遥不可及，但万一实现了呢？然后，有了梦想，我们就要为之努力。有梦想，不努力，我们依然是咸鱼！还有一点，我认为是比较重要的，就是要多和老师同学沟通自己的想法，因为良师益友往往会使自己进步得更快。把艰辛的劳作看作是生命的必然，即使没有收获也能心平气和地继续，不然怎得梅花扑鼻香。

最后，我将“欲望以提升热忱，毅力以磨平高山”送给大家，希望大家可以追寻自己的梦想，利用坚定的毅力，磨平阻碍前进的高山。

不安于现状，不甘于平庸，就可能在勇于进取的奋斗中奏响人生壮美的乐章。

任宇晨

计算机学院，2013 级，共青团员，学院委员、学生助理。专业排名为 1/161。

获奖及评优情况：

共参评优秀学生奖学金 5 次，其中特等奖学金 2 次，一等奖学金 2 次；二等奖学金 1 次；

优秀学生 2 次、优秀团员 1 次；

2015 年 6 月，荣获第七届单片机设计与应用大赛优秀奖。

坚韧不拔，追梦不息

本人任宇晨，女，汉族，1995 年 8 月出生，来自 2013 级计算机科学与技术 1 班，工人家庭出身，现在为共青团员，就读于北京理工大学珠海学院，攻读本科。

还记得在党课的培训中，王淦昌“我愿以身许国”的铮铮誓言深深地震撼了我，于是我立下了报效祖国的志向，力争全面发展，做可堪时代大任的人。在北理工，我提炼思想，追求进步。我在班级中担任学习委员，在学院中担任学生助理，连续两年荣获“优秀学生”的光荣称号。我积极向党组织靠拢，积极参加公益活动，积极参与“美化校园”的活动。我还参加了义务献血，希望尽自己的绵薄之力去帮助需要帮助的人。

大学三年以来，我勤奋刻苦，每天坚持早起，从来没有在任何一堂课上睡过觉，总是专心听讲。通过每天 16 方块的计划表，我合理安排时间，提高效率。凭借着顽强拼搏的精神，我三年的学分成绩名列专业第一名。与此同时，我还非常注重科研实践能力的提高，多次参与项目团队研发，“去上课”的网页开发以及学分认证系统的 UI 界面开发。

还记得第一次评奖学金的时候我的排名比较靠后，只获得了二等奖，趴在床上，难以入梦，一笔一画将职烨的《花开不败》抄了一遍，希望自己可以像那个为了复旦牺牲一切的小女孩一样。多谢我的朋友，用一张纸一段话唤起了我的希望：“把每天当成最后一天，即使明天天寒地冻，路遥马亡，也必须，到耀眼的地方去！”每天走在路上，眼前总是黑压压的一片，看不到一丝阳光。晚睡早起的生活导致了身体问题，还不时地干呕，但我不能松懈，该吃药吃药，吃了药咱还得玩命啊，每天在宿舍加班，觉得夜好静啊，静得只能听到自己的心跳。我想那是一段忘记了开心的日子，也是我最怀念的一段时光，抱着破釜沉舟的勇气，我的成绩从二等奖到一等奖，再从一等奖到特等奖。这时候我才明白，原来这些奋斗的时光是这么的奇妙，奇迹是为了信念牺牲一切！

在寒暑假我也不会放弃学习与锻炼自己的机会，大一暑假自己报了BEC商务英语的口语衔接班，提升自己的英语口语水平；大二暑假自己通过幕课网自学了网页设计；大三暑假通过报班学习雅思，并且在暑假期间背完雅思8 000词汇，在不断的学习与进步中让我更加懂得知识的力量是无穷的。

在广泛学习的同时，我特意参加社会工作，在不同的岗位上锻炼自己，服务他人。在大二的寒假我应聘了韦伯国际英语的兼职工作，边学英语边工作的节奏让我的寒假变得很充实，同时工作的辛劳也让我更加懂得学习的重要性。

值得一提的是，虽然我的学习、社会工作都非常忙碌，但是大学四年，我始终没有离开我的班集体，作为学习委员，对于班级或许因此也就多了一份特殊的感情，总是希望通过做点什么事来帮助同学提高学习成绩，使我们班变得更好。期末考试前，我总会帮助同学补习他们相对薄弱的学科，这样不仅可以帮助同学复习专业知识，还可以使我对专业知识有更深刻的理解。

我积极参加体育锻炼，在学校，每周都会有两三天和同学去操场跑步锻炼身体。在我小的时候因为身体比较弱，父亲就让我去学习游泳，从刚开始的学不会，到后面的100米，200米，1 000米，到后来我每次都可以在一个回合里面游2 000米。可是这个经历让我相信：只要付出艰苦的努力，梦想就一定会实现。

无论是学习还是训练，坚韧不拔、自强不息已经成为我行为的准则，帮助我一步步接近梦想，我的梦想是大学毕业后去国外继续深造留学，学习更多的专业知识。

“路漫漫其修远兮，吾将上下而求索。”未来的路还很长，但不管前面是什么，我都要以最饱满的热情，最昂扬的斗志，最刻苦的精神，最坚韧的毅力，全力以赴，一直输到赢为止！努力学习知识，不断改造和完善自己，让自己具有更高的道德修养和学习能力。

在最后，我想感谢北京理工大学珠海学院计算机学院对我的栽培，感谢我的班主任、辅导员和计科 1 班的同学们，谢谢你们一路走来对我的帮助、支持和爱护！坚韧不拔，自强不息，报效祖国，我将终生铭记。

史章含

民商法律学院，2014级，共青团员。专业排名为1/407。

共参评优秀学生奖学金3次，其中特等奖学金3次；

优秀学生、优秀团员；

2014年新生杯英语演讲比赛非专业组季军；

2015年外研社杯英语演讲比赛非专业组季军；

2015年全国大学生英语知识竞赛C类二等奖；

2016年全国大学生英语知识竞赛C类三等奖。

不忘初心，方得始终

在上大学之前，我常在想，我到底希望拥有一个怎么样的大学生活？要怎么填充自己的大学生活才会没有遗憾？诚然，这个问题还没有盖棺定论，但随着我的大学本科生活越来越靠近终点，我想，我的答案有了一个大致的轮廓。

作为一名注重全面发展的法学生，我十分明白在校绩点的重要性，于是在校期间，我努力保持自己的绩点，在已经评选的三次奖学金中，我都拿到了特等奖学金。但我更清楚，光靠绩点，并不能成就我。由于家庭原因，我比一部分同是法学院的学生或许要更早地接触到法律行业及行业内的专业人士。与业内专业人士的交流让我不断地思考自己未来的出路。法学生的路可以很宽广，与法律相关的职业例如律师、法官、法务等有很多。然而，由于每个人的综合素质不同加上法学相关职业就业市场严峻，所以法学生的路也可以很窄。为了未来的发展，我不甘于做坐在象牙塔里等待外界投食的人，更害怕由于自己不了解市场和自身状况而变成井底之蛙。于是我决定要提早开始探索自己的路。

与惴惴不安和平相处

为了知道自己适合做哪个领域的法律业务以及对哪个领域的法律业务更感兴趣，我在大一刚开始的时候便寻找机会去尝试法律实务。我有幸在大学开始后的第三个月就跟着当时高年级的税法老师，作为助教，体验了“税务律师训练营”。在这个训练营里，我接触到的所有知识都涉及与税务有关的律师实务。我们在训练营里被分成几个组，与我同组的都是已经有了一定工作经验甚至是工作多年的律师。这在一开始给我带来了难言的恐慌，但在同组律师的帮助下，我开始慢慢地适应了。

从大一的第一个假期起，我就开始了自己的实习。从此以后的每个假期，无论寒暑假，无论有什么样的额外安排，我都一定腾出假期的大部分时间去实习。

我的第一份实习是在法院里。法院里的工作，除了法官的工作，其他例如书记员等人的工作大多仰仗工作经验，工作模式相对固定，这与我比较喜欢挑战的性格不符。在经过这次的实习后，我便明晰了自己的未来不在法院里。

有了法院的实习和在税务律师训练营的经验在前，我心中的天平逐渐偏向了偏金融类的法律事务上。然而，金融业也是一个专业性很强的行业，若不是了解金融业的专业知识，想要处理金融业的法律事务怕也是不容易。于是，我尽己所能，在接下来两个假期的实习中，分别到了投资行业的巨头美国的摩根士丹利和保险、理财业的巨头香港的友邦保险公司实习。

在美国投资银行摩根士丹利和香港的友邦保险这样讲求专业水准的金融企业实习对于我这个法学生而言是个极大挑战。为了提前实践自己思考过千百遍的职业规划，我还是选择要走出自己的舒适圈。于我而言，纯法律的内容就是我的舒适圈。但在实习期间，我每天接触的都是纯金融的内容，这对我是个很大的考验，因为我每天不仅要和团队里金融专业的小伙伴们一起学习金融方面的专业知识，更可怕的是，我需要在学习到这些新知识之后马上把他们用于实际的工作中。除了平时三天打鱼两天晒网地看过一些财经杂志，我几乎没有一点金融的基础，却被要求快速上手工作。这对我的快速学习能力提出了很高的要求。无穷无尽的 deadline 的确让我恐慌，每天要担心的问题并不是今晚又要熬夜了好难受，而是眼看着天就快亮了，事情还没干完怎么办。但每当焦虑和不安充盈了我的大脑时，我就会想起当初选择来实习的初衷，就是为了探索将来适合自己的法律领域。通过接触这些第一手的行业知识能帮助我达到目标。有这种想法在前，实习的日子渐渐地也变得没那么苦。在实习期间，每天我接触到的东西都让我倍受打击，但却不能打倒我。

在今年暑期的实习中，我回到了自己的“本行”，并有幸到了业内的顶级内资律师事务所——君合律师事务所实习。能在这么一家优秀的律所实习，与优秀的同事相处，我选择了不遗余力。除了在日常在争议解决部门工作外，我还主动申请到资本市场部门体验。不到两个月的假期，我有一个半月都在实习，每天下午六点是准时下班时间。实习期间，我只有四个晚上是因事准时下班。即将结束实习时，还恨不能暑假延长再延长。在这个暑期回归到法律行业，我获得了对法律、对律师这个我热爱的职业更多的思考角度，我不再仅只站在法律人的角度看待法律和律师职业，不再怀抱极大的幻想和端着法律人在法律视野上特有的优越感与傲慢。我仍然欣赏那句“我们的征途是星辰大海”，但却是回归到更为现实的角度去接近和拥抱梦想。

不做精致的利己主义者

在美国实习期间，我还专门到联合国总部进行参观。在联合国官员的带领和解说下，我进一步体会到国际局势与人权问题的严峻，世界上还有许许多多人亟待我们伸出援手。在这样的想法下，我和团队的小伙伴们在纽约组织举办了慈善拍卖会，我们亲手做出慈善拍品，并到哥伦比亚大学、宾夕法尼亚大学等高等学府和华尔街去邀请精英们加入慈善的行列中来，拍卖会当天我们将筹得的善款全部捐献给了联合国难民署，用于救助当年在尼泊尔地震中受灾的人们。

就这样，我一路走来，到目前为止，算是大致完成了自己在一开始定下的目标。在实习中、生活中遇到的优秀同事、朋友，仍在以实干者的姿态影响着我，提醒我不要忘记大学一开始时对自己说过的话：不忘初心，方得始终。

吴潇

信息学院，2014 级，中共预备党员，团支书。专业排名为 19/180。

获奖及评优情况：

共参评优秀学生奖学金 3 次，其中特等奖学金 1 次、一等奖学金 1 次、三等奖学金 1 次；

优秀学生干部、优秀团员、优秀团干部、优秀团总支；

2014 年校级新生辩论赛冠军；

2015 年获第二届科技创新展三等奖；

2015—2016 年获珠海市慈爱社会服务院“最佳风采志愿者”；

荣获校级十大提案优秀奖、第一届“北理好乡音”方言大赛最佳贡献奖；

2016 年回访母校实践活动优秀奖。

我的“文房四宝”

本人吴潇，男，1995 年 12 月 12 日出生，中共预备党员，北京理工大学珠海学院信息学院 2014 级自动化 3 班学生，任班级团支书以及信息学院团总支学生副书记。

我于 2014 年 9 月入学，正式成为北京理工大学珠海学院的一员。时光荏苒，如今我已经是大三的一名学生，褪去了大一的青涩稚嫩，度过了大二的锐气执着。两年来，我获得过省市校院的各类奖项，如宋庆龄奖学金、珠海市慈爱福利院“最佳风采志愿者”、校级新生杯辩论赛冠军、党日设计大赛冠军等称号。曾经我认为“木秀于林，风必摧之”，但我现在要说“木秀于林，风必助之”。让我重新认识道理、认识自我的是我的“文房四宝”——学习之宝、工作之宝、实践之宝和梦想之宝！正是这“文房四宝”，让我在大学生活中砥砺前行，不断进取。

学习之宝，那便是投入。2014 年，刚进入大学的我，对一切都十分好奇。或许还是保留着高三学习的那股斗志，在大学中，我并没有像人们口中说的那种大学状态，上课迟到，下课睡觉，而是十分投入在大学的浩瀚知识中，还记得当时的高等数学课程，我坚持做了一本笔记，期末也如愿地获得了 96 分的高分。虽然选择的是工科专业，但我并没像其他同学那样放弃学习英语。相反，我对英语抱有强烈的兴趣，我坚持每天早晨七点开始晨读，投入英语的学习中。功夫不负有心人，我在大一第二学期便取得了考英语四级的资格。而我也通过努力获得了大一第一学期的特等奖学金，这让我倍感意外。随后，我凭借优秀的成绩被班里选为“入党积极分子”，参加党课学习。在此期间，我也投入党课的学习中，最终通过了层层筛选，成为现在的中共预备党员。在课余学习中，我凭借自己的努力获得了由武汉大学文学院阮桂君副教授颁发的中国大学 MOOC《方言与中国文化》优秀证书。我始终认为，今天的投入正是为了明天的成功。

工作之宝，那便是负责。我大一竞选班长时落选了，最终成为团支书。但我当时并没有灰心丧气，而是做好自己的本职，不负老师同学的信任。我坚持为同学辅导功课，也时常组织同学举行活动，如班游、班赛、联谊等。此后，我以团支书的身份进入了信息学院团总支，由此也开始了我的社团生涯。担任干事期间，我积极对外联系各级各社团负责人，确保工作落实到位。由于我的突出表现，我在大二成为信息学院志愿者负责人，负责珠海市香洲区香湾街道北堤社区和唐家街道唐家社区的社区公益行，同时也担任香洲义工的领队，这让我在工作中锻炼到许多能力，也使我的履历更加丰富。本着负责到底的工作态度，我在第十二届信息学院团学会主席团换届大会中成功竞选为团总支学生副书记，也达到了社团生涯的最高峰。所以说，责任是工作之本，没有不劳而获的成功，权利与义务总是共存。

实践之宝，那便是执行。俗话说实践是检验真理的唯一标准，我们往往有很多想法但大多都付诸东流了。而我认为真正决定我们成就有多高的是“执行力”。上大学前，我只有几次志愿者的服务经历，这对于很多大型志愿服务志愿者来说是远远不够的。我十分渴望成为一名航展志愿者，于是就大胆报了名，结果幸运地被录取了。事实表明，思维和态度是决定成败的关键。我十分热爱中国传统文化，因此我就设想：可否将学校以数字命名的饭堂名称用古典文集词汇代替，于是我就联合舍友进行提案草拟，进行线上线下调研、人物访谈等，最终在学校第一届“十大提案”活动中获得第七名。倘若当初只是想想但未能实施，那该有多遗憾。同样的，我爱好方言文化，于是就有了举办“方言大赛”的想法。说做就做，我与我的社团同学便成立活动小组，积极筹备比赛，最终成功举办了北京理工大学珠海学院第一届“北理好乡音”方言大赛，得到了全校老师和同学的一致好评，同时也得到了武汉大学文学院阮桂君副教授的指导与关注。在此之后，我带领我的团队继续参加大学生党员暑期社会实践，并出了一本书——《香山雅韵·口耳相传》，得到了学院辅导员们的一致好评。正如爱迪生所言：天才是1%的灵感加上99%的汗水。

梦想之宝，那便是动力。年轻人的梦想，总要谈一谈诗和远方的。当然我也喜欢诗和远方。但对我而言，我的梦想，也是刺激我奋斗的目标却是“绿色环保”。从接触这个专业，我便意识到科技对生活是有多么至关重要。但传统的科技产品大多是高耗能、高排放、高污染的“三高”产品。而当今社会大趋势是提倡环保，因此谁最先改良或革新当今“三高”现状，那必定是中国乃至世界的福音。我希望我能为这个产业贡献自己的绵薄之力。当然，这一切的保障还是需要有一个高执行力。

我的自传，也是我的“四宝”，但它们还不足以真正映射一个完整的我。人总是复杂的，但不变的是我追求突破、追求进步的内心。我今年20岁，未来对我来说还有很长的路。

叶璐

民商法律学院，2014 级，共青团员。专业排名为 3/407。

获奖及评优情况：

共参评优秀学生奖学金 4 次，其中特等奖学金 1 次、一等奖学金 3 次；

优秀学生助理、优秀团员；

英语配音大赛个人第一名及团体一等奖；

第七届中华经典诵读大赛“二等奖”；

第一届“模拟法庭”季军；

第七届党务知识竞赛二等奖；

“文法关爱周”比赛一等奖。

“笨鸟”亦能“先飞”

我是来自 2014 级法学 5 班的叶璐。此次能参加奖学金的评比活动让我激动万分。回想起自己的成长岁月，经历过困难与泪水，也经历过鲜花与掌声。如今的我依然坚定自己最初的梦想，那就是在大学中努力成长为一个全面发展、努力拼搏的人！

小时候，爸爸妈妈经常对我说：“你比别人笨，没关系的，别人一次能学会的东西，你重复几遍也能学会！”我一直记住父母对我说的话，因为我的数学不好，曾经多读过一年学前班。但是我并不害怕，因为我一直信赖我的父母，他们给了我信念，我的努力终会收到想要的结果。就这样，从上课的听讲开始，我课上残留的问题，都会在课下及时解决，这也铸就了我的些许“强迫症”，但就是这种及时解决问题的习惯，使我的学习效率有了很大的提高。记得小学的写字课，我都会睡大觉，因为我的字不好看，也不愿意练习，班主任和我说：“字如其人啊，小璐！你想变成像你的字一样不修边幅吗？”我听了这话，放学后立即去书店买字帖，老老实实回家练字，爸爸总是会和我一起练字，我发现原来学习中有一个伙伴是很重要的，爸爸成为我第一个学习的伙伴。

在初中，因为想给父母省钱，放弃了读市一中的机会，因为考不进市的前30名（前30名免费），学费会很贵。我就读了离家最近的第十三中学，虽然有许多不好的传闻在第十三中学，但是因为在小学的六年我已打下了坚实的基础，我相信只要肯刻苦，一样可以学得好，到哪里读都一样。于是我考进了重点班，其间多次拿到了全年级的第一名，学校还派我到香港学习交流一星期。总而言之，我爱我的母校，它虽然不是重点中学，但是老师和校长以及同学们都很好，也许因为不在重点中学的缘故，我的学习压力没那么大，学业也完成得不错。在文体方面，学校每年的元旦文艺汇演中经常会有我的身影，朗诵、唱歌、跳舞都可以，所以同学们都让我做文娱委员，同时我也是班上的英语课代表，那段时光，我至今仍很怀念、也很感恩！

步入大学，我为自己立了各个阶段的目标。大一我经常参加不同类型的比赛，参加了全校的“中华经典诵读比赛”并获得了第二名；在英语电影的配音大赛我获得了个人的一等奖；后来在党务知识竞赛中我也拿到了“二等奖”和“模拟法庭”的季军等。但是只有我自己知道，其间我经历了什么，正如傅园慧面对记者时的那句话：“我已经用了洪荒之力了！”我还记得因为自己不是聪明型的选手，在每次的比赛中我都是通宵达旦地准备材料。在练习诵读的时候，我为了比赛能获得好的效果，苦苦地去背诵，因为背诵能获得更高的分数，普通话也是靠念文言文练到了二级甲等，大二开设了全英会计课程，我还清晰地记得上第一节课的状态，可以用不知所云、云山雾罩来形容自己的听课效果，于是回去拼命练习课堂上的习题，拼命地找单词查意思，反复地记忆，最后在期末拿到了95分的成绩，可谓“功夫不负有心人”！最终成为全英会计助教。但是并非每一次的全力以赴都能收到理想的结果，我也经常碰壁，从刚入学的社团面试到参加其他的比赛，其间甚至拿到过知识竞赛的全场最低分，可这些我都挺过去了，因为我依然相信，没有什么困难是克服不了的，因为自己若是在过程中已经用尽全力，结果并不重要。

在社会实践中，我也拿出了“不抛弃，不放弃”的精神，用心对待我的每一份工作。学校的教务处对于学生助理的要求十分严格，我经历了重重面试，最终成为教务处学生助理。虽然最初的我就是想赚一点生活费，但是经过了此次锻炼，我学习到了许多书本上没有的知识，包括为人处世的学问、做事情的态度。这种锻炼的机会是弥足珍贵的。这为我在暑假的法律实践中奠定了基础，我在律师事务所实习时，大家总说我比在所里的实习律师还要勤奋，从跟随律师准备应诉材料到准备当事人的起诉证据清单，从只是简单地查阅法律资料交给带领律师到律师完全将法条整理工作交给我完成。虽然我没有做到很优秀，但是我对于工作总是很细心，不会片面地追求效率和结果，只求我的工作能完善和准确。

“笨鸟先飞”就像是我的座右铭，原来并不聪明的人经过踏实努力、拼搏进取也是可以收获不一样的精彩！我很感恩我的班主任，他教会我要用积极乐观的心态去面对困难，不惧怕未来，只求活好当下的时光，不一味追求结果，只需要奋斗过程中的全力以赴与问心无愧！

高泽栋

民商法律学院，2013级，中共党员。专业排名为1/355。

获奖及评优情况：

共参评优秀学生奖学金5次，其中特等奖学金4次、二等奖学金1次；

光大奖学金1次、国家励志奖学金1次；

优秀学生、优秀学生班干部、优秀团员、优秀团干部；

荣获2016年广东省珠海市三校案例知识竞赛北理赛区一等奖等市级奖项4项；

荣获2013—2014学年度北京理工大学珠海学院法律知识竞赛优秀奖等校级奖项6项。

不畏失败的修行者

龙应台的《目送》一书中写道：“修行的路总是孤独的，因为智慧必然来自孤独。”

他人眼中的专业成绩第一、多次荣获优秀学生特等奖学金、国家励志奖学金和光大奖学金的“学霸”高泽栋，在多少个孤独寂静的深夜，独自骑着自行车快速穿梭在图书馆到宿舍的校道上。也正是这无数个深夜的穿梭，练就了他的耐心和坚持，无论待人处事还是对待生活他都冷静从容。

勇敢坚毅，真正之才智乃刚毅之志向

“年轻的时候多经历失败，找到失败的感觉，挺不错的。如果年轻的时候经历过多数成功，那就会不断夸大自己的成功而掩盖所有的失败。”曾经经历高考失利而复读的高泽栋坦言：自己走过的弯路比较多，但幸运的是，自己还能回头。

或许人必须经历点什么才能彻底悔悟自己以前的人生，而让高泽栋真正意识到自己的人生必须做出改变的是其父亲生病住院。在病床前照料父亲时，高泽栋发现父亲的两鬓已经花白，那时的他才突然意识到时间渐渐地把责任的担子交到自己的手里，终有一天自己要成为有担当的人。

因为复读而耽误了一年时间，他意识到强烈的危机感，为避免自己与他人的距离越来越大，毫无特长的他选择把本分的事情做好——扎实掌握专业知识。经过两年多的孤独修行，他取得了专业排名第一的好成绩。

凭借着自己的那份坚持和执着，高泽栋在两年的学习期间荣获了不少奖项。但在追求光大乃至国家奖学金的路上，高泽栋坦言仍然充满压力，一方面，这个奖项含金量大，同时是把自己和其他学院优秀学子对比的过程；另一方面，这是对自己努力过后的检验。但成功总是会青睐准备充分的人，高泽栋从众多优秀学子的竞争中脱颖而出，获得国家奖学金及光大奖学金，这离不开他的坚持和执着，离不开他孤独的修行之道。

珞珈山下，东海之滨，桃李不言，下自成蹊

大学三年，稚嫩的痂皮随时间脱落，人的心态也在逐渐成熟。然而，在第一次竞选光大奖学金时，高泽栋还是感觉到了前所未有的压力。

“你要跟大四的竞争，而且是面对来自全校的竞争对手。”顶着这样的压力，他努力地做好前期准备工作，熟背演讲稿，将自己的状态保持在最佳水平，做一切自己力所能及的事情。

然而，他在初审时感觉自己在考核现场发挥失常，这仿佛当头一棒，让他

一度对最后结果失去了信心。“当时我的念头只有等明年再来了。”他笑着说。

当失落和激动碰撞的时候，也就是在高泽栋得知自己获奖的那一刻，他深刻体会到了人生的大落大起。而他要做的第一件事情，就是打电话将这好消息告诉家里人。

“我妈只回了我一句话，要谦虚，要低调。”或许是来自母亲的教育，或许是多年来沉积稳重的心态，高泽栋说完只是淡然一笑，仿佛只是在讲述一件最平常不过的事情了。

或许每个新生都会经历大一的一段迷茫时期，高泽栋也不例外。但幸运的是，他得到师兄师姐的及时帮助，得以慢慢走出那段迷茫期。带着这份感激和热忱，他选择担任新生班主任。对待那些初来乍到的孩子，他带着包容心、耐心和责任心，引导新生们不要畏惧失败，尽可能尝试失败，从而不断强大自己。在这过程中，他也练就了从容的处事态度和强大的责任心。

提及暑期实践时，高泽栋回忆起招聘人员在得知他的学历后，用“人招满了”敷衍他的这件事，感慨道：“很多时候现实生活就是这样，你却无力改变，所以要努力做好自己，直到自己有能力去改变现状。”

他这样说，也这样做了。从办公室助理，再到文法图书馆馆长，以及现在所担任的新生班主任，身兼多职仍不落下学习。专业总成绩第一的他总是被人亲切地称为“学霸栋”，而被问到坚持的原因时，他的回答很简单：责任心。

得意淡然，失意坦然，喜而不狂，忧而不伤，大概正是如此。

追上未来，抓住它的本质

车尔尼雪夫斯基说：“追上未来，抓住它的本质，把未来转变为现在。”对于未来，高泽栋一方面想把握好在校最后的时光，和师弟师妹们分享自己的学习经验；另一方面，调整好自身的状态，为深造学习做充分的准备。

高子琳

信息学院，2014 级，群众。专业排名为 11/313。

获奖及评优情况：

共参评优秀学生奖学金 3 次，其中一等奖学金 2 次、三等奖学金 1 次；

优秀学生、优秀学生干部；

2016 年 7 月，参加省级社会实践三下乡助学贷款宣传团队；

荣获 2015 年第二届校级原创英语微电影大赛第二名等校级奖项 4 项。

步履不停

“我觉得自己很幸运，一直在完善自己的道路上行走着。”

如果说，这是一篇自传的话，很惭愧，我觉得自己的经历还称不上“自传”二字，也只能说是对大学两年的一个总结。

时间犹如白驹过隙，转眼即将离开校园。时光倒回到两年前，面对陌生的街道、景色，我对大学充满憧憬好奇与展望。和大多数新生一样，在新学期开始总是会立下一个目标，然后在大学一步步地完成。当时没有想太多，毕竟是刚刚经历过高考磨炼的人，愿望不高，生活有一百种方式去度过，但我只希望，路在脚下，步履不停，更多地去尝试，不要给自己留下遗憾。

想法若只是停留在幻想中，那么它永远只是幻想。大一开学的时候我希望可以兼顾学习和社团。大一时我报了很多社团，一轮轮的面试丰富了自己的面试经验。然后慢慢地，带着不舍与理智，选出最适合自己的社团与部门。大一这一年，通过社团和自学，学到了很多办公技能，类似 Word、Excel 和 PPT 之类的操作，慢慢地接触了策划和活动的组织举办，也收获到不少的友谊。谈到学习，其实比起其他同学来说，我的成绩并不顶尖。大学并不是个以成绩来判断人的地方，但我也不想当一个过了及格线就心满意足的人。于是，在课堂和社团交加的日子里，因为课后无法顾及学习，在课上注重课堂效率是我一直坚持的事情。作为一个工科生，我觉得英语无论是哪个专业都必不可少的。于是，英语也是我在大学持之以恒的一个学习对象，除了每学期英语拿到年级第一，我还高分通过了四级，拿到了英语六级的合格证。虽然参加了很多比赛，但是我比较享受的是团队比赛，很喜欢和有共同兴趣爱好的朋友们一起聊天、学习、努力、进步。

到了大二，一切又是新的开始。我拾起了背包，踏上了旅行的道路；接触了摄影，从此爱不释手；退出了社团，专心投入学生工作。新的开始，新的体验，新的感受。在辅导员的领导下，我们成立了启明星团队以及音乐协会，致力为学院、为老师、为新生提供最大的帮助。对于刚刚成立的社团或者团队，问题是难以避免的，于是学会处理问题和如何去领导一个团队，便是当时最急切的事，也是最锻炼个人能力的事。暑假的时候，我参加了省级以宣传大学生生源地贷款为主题的三下乡实践活动。在实践的过程中，发现其实有很多家庭为了孩子的大学学费而愁眉苦脸，有的弟弟妹妹也面临着家里负担不起学费而与大学失之交臂的问题。这让我明白了要珍惜大学美好时光，体会到很多机会其实来之不易，要且行且珍惜。

其实，到了今天我还是停留在以为自己还是大二学生的思想中，学期初的启明星迎新活动也告一段落了。这学期的主要目标是参加一些志愿者活动，比如访老活动和义教活动。在看到社会的另一面的同时，希望可以尽自己的微薄之力来帮助需要帮助的人。

总结过去两年的大学生活丰富且精彩，收获颇丰，见证了自己的成长，最后希冀自己今后可以在追梦的道路上步履不停。

何秋玲

工业自动化学院，2013级，中共党员。专业排名为8/74。

获奖及评优情况：

共参评优秀学生奖学金5次，其中一等奖学金3次、二等奖学金2次；

荣获2013年北京理工大学珠海学院首届“三行情书”原创微情书大赛学生组“一等奖”等校级奖项4项。

2015年课题《独立学院学生党员发展质量的创新研究》，获学校党建课题立项；

2015年于《教育学》合撰发表《文字乐六：轮回序曲》；

2015年论文《文字乐六：轮回序曲》获教科论文大赛全国一等奖；

2015年“我的中国梦”——“立志·修身·博学·报国”主题教育系列活动之社会调研大赛三等奖。

我没有天赋过人，但一直全力以赴

本人何秋玲，女，汉族，中共党员，是北京理工大学珠海学院工业自动化学院2013级交通工程2班的学生。曾任校报通讯社采写部副部长、工业自动化学院党总支学生办公室副主任。在校期间，共获国家级奖励2项，省级奖励1项，校级奖励16项。

学习，使我不断进步，信心倍增

作为一名女生，要在理工科专业突出，本身就被贴上了“以卵击石”的标签。虽然我并没有天赋过人，但我一直在全力以赴。2013—2014年担任班级学习委员，在专业上担任课程设计组长，强化自身的专业知识，成绩始终保持在专业前十。生活永远不会辜负一个有心努力的人，在两年里，我也多次获得了校级“优秀学生标兵”“优秀学生干部”“优秀团员”的称号。在暑假期间，到国家建设部早期核准的市政公用甲级勘察设计单位——广州市市政工程设计研究总院、珠海市交通勘察设计院担任实习生，参与珠海市生命安全防护工程等项目。在实习生活中，我虚心学习，不断向同事汲取经验，强化自身的专业知识，并且获得了公司领导及同事的一致好评。此外，我还跨专业学习，跟随机械类的学生参加单片机比赛。

文学，让我不断突破，展现自我

跟传统的理科生相比，我有那么一点另类。我爱好文学，曾担任校报通讯社采写部副部长一职。我从文字菜鸟成长为校园记者，曾采访过知名作家、学院院长，在校园网发表新闻稿 20 余篇，多篇被《南方都市报》《羊城晚报》《珠海特区报》录用，被授予“校园宣传先进个人”的荣誉称号。我在课余时间还和同学将文理结合，用文学感受及统计学概率的知识撰写《文字乐六：轮回序曲》，在国家级期刊《教育学》发表刊登。我在 2014 年与老师一起申报课题《独立学院学生党员发展质量的创新研究》，获 2015 年学校党建课题立项。这些经历和成长让我提高了写作能力，还打破了传统文理分界线，成为一名可文可理的大学生！

为社团注入新元素，提升自我能力

在 2013 年 12 月至 2016 年 6 月，我加入了工业自动化学院党总支学生办公室，曾任副主任一职。从干事做到部长，再从部长荣升为副主任。这一阶段的变化，是对我这三年在“党办”工作的肯定。在担任部长时，我站在“90 后”学生学习方式的角度上，和团队一起提出第四届党务知识竞赛全面创新的闯关模式，大胆借鉴较为热门的综艺节目赛制，在决赛中更是采取了“中国好声音”的导师制，将乐趣与学习融合，更好地为现代大学生传达出更多的党务知识，得到了学院领导和老师的大力肯定。我也曾多次代表社团参加 2014 年学生自治工作优秀案例、2015 年学生社团精品活动等选拔赛。

我很爱折腾，不喜欢空闲。只要有时间，我必会积极参加学校组织的公益活动。参与了学校开放日，为学校的招生工作出一份力。除此之外，我还参加了学校组织的各种比赛，获得了首届“三行情书”原创微情书大赛学生组中一等奖、2015 年北京理工大学珠海学院首届“青年与国家——党员先锋故事汇”比赛三等奖以及2015年“博学多才”榜十佳个人荣誉称号等。这些成长和收获都让我更加坚定地相信只要你将努力付诸实践，最后一定会有阳光洒落。

天赋过人是属于少数人的，但全力以赴是属于所有人的，希望每一个有理想的人都能够不断突破自己，朝着梦想的地方飞行！

雷锦锯

工业自动化学院，2013 级，共青团员。专业排名为 26/348。

获奖及评优情况：

共参评优秀学生奖学金 5 次，其中，一等奖学金 2 次，二等奖学金 3 次；

国家励志奖学金 1 次；

2014 年，荣获“安联锐视杯”物联网智能家居设计大赛一等奖；

参加 2014 年电子创意设计大赛（二等奖）等学科竞赛 3 项。

2015—2016 学年参加大学生创新创业项目《基于物联网的六足爬行机器人》，《一种新型无线抄表系统》（项目负责人），《基于音乐旋律控制的喷泉》等科研项目。

把不可能变成可能，把可能变成无限可能

本人雷锦锯，是北京理工大学珠海学院工业自动化学院 2013 级机械工程 6 班的学生。曾任班级学习委员、职业委员，2014 级机械工程 6 班带班学长，2015 级机械工程 4 班班主任，电子科技协会技术部正部长，信息学院科源团队队长。

把不可能变成可能——嘲笑中反思，反思中学习

犹记得 2013 年的夏天，我拖着行李远离自己生活了 19 年的故乡，来到全新的校园。我充满了激情和斗志，在第一次班会中，我鼓起勇气上台自我介绍，意想不到的是迎来了同学们的嘲笑。因我小时候舌根过长，我说的普通话大部分同学都听不懂。那时，我的自尊心遭到了极大的打击，异常的伤心，就好像

全世界都给你泼了冷水一样。深夜，我久久不能入睡，决定重新学习普通话。在以后的每一次的失败后，我都会反思自己。

从小在乡村长大的我，从不畏惧别人的眼光，在以后生活的细节中，同学们每一次嘲笑我的时候，我都会默默地记下来这个字，然后请教一些乐意帮我矫正错误的朋友。我每天都会挤出至少一个小时来练习。在后来的班委选举中，我终于能让大家听懂我说的普通话，如愿以偿，我当上了学习委员。每一次在公众前讲话，对于我来说都是一次挑战，更是一个提升自己的机会。大二，我去竞选了新生学长，第一次面对众多的老师辅导员，最终如愿了。在担任学长时期，我有了更多的机会上台演讲，也有更多的同学乐意帮助我去改正错误。这一年，我学会了很多很多，不但是普通话，还有做人做事。大三期间，我去竞选了新生班主任，最终实现了自己大一立下的小小目标。

把可能变成无限可能——不忘初心，方得始终

刚上大一时，我就立下目标，大学每一个学期都拿奖学金。为了兼顾科研竞赛，并且不把学业荒废，我大一、大二平均每天睡眠时间不超过 5 小时，每一个学期我都荣获奖学金。

在经过 6 次社团面试失败后，我终于进了电子科技协会，在那里我做了一年的维修员，学会了很多的维修技能，例如电脑、手机、台灯等电器的维修。大二调进技术部，培训会员、维修员，大三担任电子科技协会技术部部长。当时好多跟我一起工作过的同学都退了，因为义务维修经常是一件吃力不讨好的事。每当我想起要放弃的时候，我都对自己说要不忘初心。

科研之路，甚是艰辛。大二时一次偶然机会我进入了信息学院科源团队，并在这里扎根了近 3 年。在这里我认识了很多志同道合的同学，我们一起参加比赛，一起做项目。有一段时间，实验室就成了我的家，每天往返于教学楼和实验室之间。第二学期末，我正式担任团队的队长，一年多过去了，还在继续着。岁月逝去，壮志未减。

有人说没时间，但我想引用鲁迅的名言来与同学们共勉：时间就像海绵里的水，只要愿意挤，总还是有的。只要我们立下目标，并持之以恒，努力奋斗，就会迎来成功的一天！

李莹莹

工业自动化学院，2013 级，共青团员。专业排名为 1/74。

获奖及评优情况：

共参评优秀学生奖学金 5 次，特等奖学金 4 次、一等奖学金 1 次；艾家乐奖学金 2 次；

优秀学生 1 次、优秀干部 1 次；

2016 年，荣获北京理工大学珠海学院首届“机器视觉”大赛三等奖。

学霸的练就

常常听到同学们喊我学霸，听久了，恍惚了，我也以为自己就是一名学霸，默默地接受了这一称呼。其实，我哪是什么学霸，我只是比别人更勤奋一些，更努力些。我只是一个还走在学霸修炼之路的奋斗者，但我深知，学霸的练就法则只有三条。

练就法则第一条：努力，努力是优秀的通道

还记得刚刚进学校时，对这里一切都充满了好奇，我认识了一位对我今后四年生活影响很大的师姐，师姐的成绩非常好，她跟我分享了她的理想和抱负，还记得那时从她眼睛可以里看到光芒，后来，我知道了那叫作梦想，叫作激情。虽然那时还不是特别懂，但还是明白了在这所大学里，我该努力的方向是什么。

从此就这么默默地努力，周围优秀的人特别多，努力的更多，他们一定程度上激励着我，不过惰性还是存在的，有时也会想：没事啦，我有在努力啊，也没必要这么拼。

真正踏上练级之路是在获得第一次专业第一后，那时突然发现自己还是有潜力的。心里默想，如果我更努力，是不是还能更加优秀一些呢？仿佛被

打通了任督二脉一样。周边的人努力，我就更努力。别人刻苦，我就更刻苦。别人在学习，我也在学习，别人在玩，我还在学习。于是我连续5个学期专业第一，多门科目均获得满分。获得了四次特等奖学金，一次一等奖学金，两次艾乐家奖学金。获得了优秀学生、优秀干部称号。也在学霸练就法则上写上一条：努力，更努力。每天比别人努力一点，就每天比别人优秀一点。

练就法则第二点：兴趣，兴趣是熬夜的理由

总会有人说，熬夜不好啦，不利于身体健康。我不否认这一点。然而我有时还是选择熬夜，不为别的，只是因为兴趣。兴趣来了，激动了，不熬夜也似乎不行。单片机就是我的兴趣之一。也不记得是怎么喜欢上这个神奇的东西了。就那么奇妙地喜欢上了，再也脱不了身。于是默默地自学了，于是我组了一个队并作为主要负责人踏上了征途。就这样，我们获得了单片机大赛的三等奖，就这样，我们团队进入了广东省合泰杯大赛决赛。我也就这样地踏上了熬夜之路，不知疲倦。我的兴趣还有很多，也就有了更多熬夜的理由了。记得老师曾问过我对一个软件的看法，我第一反应回了一句："好玩啊。"对啊，好玩啊。因为感兴趣所以觉得好玩，因为兴趣，我选择了熬夜。

练就法则第三点：热情，热情是精力过旺的原因

在这三年里，我听过不少老师和同学说，"李莹莹，你是不是精力旺盛啊，我怎么每天都感觉你有用不完的精力。"默默想想，嗯，我精力确实是挺旺盛的。忙的时候手里有项目、有比赛、有考试，却还是不知道累。别人都会来劝我，不要太累了，要注意休息。我心里默想，其实我还好啊，心不累，身不累的。那我是哪里该累了？好吧，我哪里都不累！我热情澎湃啊，热情就是精力过旺的原因。因为热情，我从不觉疲惫。因为热情，我参与了各式各样的项目，如协助老师进行编写专业书籍——交通设计类实践教程，目前截稿待出版，参与S268省道交通运行状况分析项目，参与珠海市快递满意度调研项目，省级大创项目获得批准并顺利通过验收，等等。精力旺盛使我的时间总比别人多，三年里做过的事情也比别人多。于是我更加优秀了。

在这三年里，我不断地修炼着，不断地努力着，梦想着有一天能登上荣耀的舞台，有一天能成为真正的学霸。不曾回头地奔跑似乎就这样的，我成为别人心目中的学霸。而我，也无悔于我的大学。没有拼搏过的青春不完整，没有挥洒过汗水的人没资格谈梦想。

余胜钢

工业自动化学院，2013 级，中共党员，珠海市高校大学生管理-策划总团团长。专业排名为 7/348。

获奖及评优情况：

共参评优秀学生奖学金 5 次，其中特等奖学金 1 次、一等奖学金 4 次；

国家励志奖学金 2 次；

2015 年荣获美国大学生数学建模国际二等奖等学科竞赛 6 项；

2015 年获得国家级科研项目《大学生创新创业训练计划》的创新项目，并获得研究资金；

2015 年，获得校级项目《北京理工大学珠海学院共青团社会暑期实践》的社会调查项目“珠海市独立院校大学生创业调查”，并获得调研资金 6 000 元，参加社会实践项目 4 项。

我，不甘平凡

本人余胜钢，是北京理工大学珠海学院工业自动化学院 2013 级机械工程 2 班的学生。曾任珠海高校大学管理-策划总团团长，工业自动化学院学生第一党支部宣传委员。在校期间，我获得荣誉 28 项，其中，国际级 1 项、国家级 6 项；省级 4 项、院校级 17 项。

我，不甘平凡。不甘平凡的心，驱使着我在“享受青春”和“坚守梦想”中毫不犹豫地选择了“坚守梦想”，并且从未松懈为之奋斗。

学有所用——寻求超凡

四年大学或许是很多人一生中最后一段能够心无旁骛读书学习的时光，暂且在象牙塔的庇护下远离金钱物欲，只是单纯而安静地去听一堂课、去读一本书，这样的日子值得珍惜。好学的我，尊重每一位老师，珍惜每一节课，我仿佛能感到自己的骨骼和思想在一个个的课程间咯咯作响。这份积淀和成长让我欣慰，也让我收获了一个又一个惊喜：在348人的机械专业中，专业成绩名列第7。这也让我在5次的参评优秀学生奖学金中，获得校级优秀学生“特等奖学金”1次，校级优秀学生“一等奖学金”4次，并在2013—2015学年连续两学年获得“国家励志奖学金”。然而，这并不能让我满足，我通过一些学习网站，自学auto CAD、Pro/E、UG、solidworks、MATLAB等软件，并且顺利地通过了计算机二级、全国CAD技能二级和机械类高级制图员等考试。

醉心科研——成就不凡

我在认真学习专业知识的同时，也不忘将理论转化为实际应用，运用知识解决问题。上天总是会眷顾那些努力的人，如今的我无论在专业知识理论上，还是在专业实践技能上，都有了很大的突破，这为我在今后的专业工作道路打下了坚实的基础。

在科研项目方面：2015年，“魔幻课桌”被评为国家级大学生创新创业训练计划的创新项目；2015年，“一款快递载运与助力载运机构”被评为省级大学生创新创业训练计划创新项目；2015年，“一款新型手控易拉罐回收装置”被评为省级大学生创新创业训练计划创新项目；2014年，“办公椅上的保健”被评为省级大学生创新创业训练计划的创新项目。共获得科研资金35 000元。

在社会实践方面：2015年，负责校级项目《北京理工大学珠海学院共青团社会暑期实践》的社会调查项目“珠海市独立院校大学生创业调查”，并获得6 000元资金支持，获校级优秀暑期报告。

在学科竞赛方面：2015年，获得美国大学生数学建模国际二等奖；2014年，获得“高教社杯”全国数学建模二等奖；2014年，获得全国数学建模广东省一等奖。

执着工作——追求非凡

在担任珠海高校大学生管理-策划总团团长时，举办工业4.0、互联网+、大数据、虚拟现实等科技理论研讨会，在为成员提供学习平台的同时，也不忘督促他们树立明确的三观。同时身为一名中共党员，自认为不仅要读好书，更要做好人，保持思想上进，与党组织靠拢。担任学生党支部宣传委员的我，一直在思考，如何才能起到党员的模范作用。而我能想到的是严格要求自己，不断提升自我，以身作则，为身边的人带好头，并协助学生党支部书记的一切工作，以一名合格党员的标准来要求自己。由于自己工作负责，因而被同学推选为校“优秀团干”和“优秀学生干部”。

热爱生活——不甘平凡

面对书本，我是勤奋努力的学子；离开书桌，我是坚守 3 年共完成 600 时数公益活动的志愿者。大学以来，我一直坚持参加公益活动，不管是参加“访老探幼”还是“募捐”，我都乐在其中，获得“善行 100”星级志愿者的荣誉称号就是对我付出的肯定。绿色公益活动就像一块磨刀石，就这样一点点褪去了我的青涩，让我由自己行动到引领行动，由感受快乐到分享快乐；在引领、行动和分享中蜕变、成长着。“赠人玫瑰手留余香”，这是我与人相处的感悟，一直以来，我都践行着这句话。不管在学习上还是在生活上我都积极帮助同学，不求回报，因而建立了很好的人际关系，获得了大家的尊重和支持。

转眼间已经快要毕业了，回顾这几年的大学经历，原来我已在悄然间收获颇多。回首一路走过的日子，很充实，让我没有一丝的遗憾。在一步步的跋涉中，我的追求、我的梦想，渐渐地揭开面纱变得清晰可辨，可望也可即。

张力铭

工业自动化学院，2013 级，中共预备党员。专业排名为 6/74。

获奖及评优情况：

共参评优秀学生奖学金 5 次，其中特等奖学金 1 次、二等奖学金 3 次、三等奖学金 1 次；

参加广东省省委组织部、教育工委批准《创建“五项工程”》等课题项目 3 项；

2015 年获全国教科论文大奖赛一等奖等国家级奖项 2 项；

2016 年获广东省“我的中国梦——立志·修身·博学·报国”社会调研大赛三等奖；

2015 年获北京理工大学珠海学院优秀党建论文评选一等奖等校级奖项 8 项。

张弛有度，力争上游，方能使人铭记于心

本人张力铭，是北京理工大学珠海学院工业自动化学院 2013 级交通工程 1 班的学生，曾任学院第三届党总支学生办公室主任、工业自动化学院学工办助理、班级宣传委员。在校期间，获得国家级奖 2 项、省级奖 1 项、校级奖 16 项。

学科竞赛方面：2015 年，获全国应用型人才综合技能大赛全国大学生简历大赛三等奖；2015 年，获北京理工大学珠海学院数学建模竞赛第六届校内赛二等奖；2015 年，获第二届证券投资模拟大赛暨 2015 全校金融与证券投资模拟实训大赛三等奖；2015 年，获北京理工大学珠海学院首届“青年与国家”——党员先锋故事汇三等奖；2015 年，获纪念“一二·九”运动八十周年新媒体微信原创推文征集活动一等奖和三等奖各一项。

学术成果方面：2015 年，论文《文字乐六：轮回序曲》（合撰）获国家级期刊、双核心期刊《教育学》录用，并获得全国教科论文大奖赛一等奖；2015 年论文《创新继续教育机制，提升独立学院学生党员素质》（合撰）获《北京理工大学珠海学院党建论文合集》录用，并获得北京理工大学珠海学院优秀党建论文评选一等奖。

科研项目方面：2014 年，负责广东省省委组织部、教育工委《创建“五项工程”》课题系列活动开展；2015 年，“独立学院学生党员发展质量的创新研究——基于构建学生党员发展质量保障体系的视角”获中共北京理工大学珠海学院委员会批准设立课题；2015 年，“考虑非协调相位停车次数的干线协调控制方法研究”获“振业优控创新基金”，获得创新基金 5 000 元，及首届“振业优控”杯交通创新大赛——暨全国交通科技大赛校内选拔赛一等奖。

社会实践方面：2015 年，负责广东省教育工委省级项目《2015 年广东省大学生党员暑期社会实践活动》的社会调查项目“凝聚大学生青春，关注新农村幸福”，并获得 5 000 元资金支持，获广东省教育厅通报表扬，广东省“我的中国梦——立志·修身·博学·报国”社会调研大赛三等奖及校级优秀暑期报告。2016 年，负责校级项目《北京理工大学珠海学院 2016 年寒假母校回访实践活动》的实践分队“深圳小分队”，获得 2016 年寒假母校回访实践活动优秀奖。

其他评奖评优方面：2013—2014 学年度校“优秀学生”；2014—2015 学年度校“优秀团干”；2014—2015 学年度校“优秀学生干部”；2015—2016 学年度校“优秀学生标兵”；2013—2014 学年度第一学期，获得校级优秀学生“三等奖学金”；2013—2014 学年度第二学期，获得校级优秀学生“二等奖学金”；2014—2015 学年度第一学期，获得校级优秀学生“二等奖学金”；2014—2015 学年度第二学期，获得校级优秀学生“特等奖学金”；2015—2016 学年度第一学期，获得校级优秀学生“二等奖学金”。

学习在于张弛有度

孟子曾说“尽信书，不如无书”，读书应有度，大学生也更应该做到张弛有度，学会合理地安排自己的时间。春秋时期大教育家思想家孔子曾说：“学而不思则罔，思而不学则殆。”作为一名大学生首要的职责就是学习，大学期间我以平均绩点 3. 89 专业排名第 6，荣获五次校优秀学生奖学金。作为一名大学生，我并没有局限于自己专业的学习，大二期间我参加过双学位的学习，并且获得了不错的成绩。既然有张那么就要有弛，课余时间我积极参加不同学术类型的比赛，利用所学的 Office、SPSS 等相关软件获得了全国应用型人才综合技能大赛全国大学生简历大赛三等奖等奖项。

生活在于力争上游

青春时期是我们应当力争上游的时光。大学的每一天，对我们来说，都是一个挑战，是一个新的开始。每一天，我们都在努力，在力争上游。我们在学习中力争上游，更要在实践中力争上游，因为实践是检验真理的唯一标准。在去年暑假期间，我带领的团队从学校 12 支队伍中脱颖而出，成为我校唯一一个获得 2015 年广东省大学生党员暑期社会实践立项的团队，前往广东省阳江市，从幸福感出发，深入调查新农村建设下，我国新农村居民幸福指数。经历一个多月的调查以及编写，与小组成员一同完成了 3 万多字的调查报告，该项目获得了广东省教育厅的通报表扬以及广东省“我的中国梦”社会调研大赛三等奖的好成绩。

力争上游的路是艰难的，充满挫折的，但路的尽头等待着我们的是那辛勤汗水汇聚成的大海，是那无尽的美景。

责任始终铭记于心

铭记于心的不仅是荣誉，更多的是责任。大学期间曾任学院第三届党总支学生办公室主任，我们服务党宣传党，展示大学生党员的精神。从第一届的党务知识竞赛到去年的第四届党务知识竞赛，我带领团队将竞赛从枯燥的考试发展到了协同合作的导师指导模式。

路的尽头，仍然有路，只要你愿意走；有时看似没路，其实是该拐弯了。大学生党员不仅要服务周边的同学，更要走出去，因此我们便与社区合作设立了“快乐四点半”活动，成为学校第一个参与到香洲区社区“快乐四点半”活动的社团。大学里最需要学习的能力就是沟通能力，为了让学院的学生能有更好的交流机会，我们举办“微沙龙”交流活动。为了更好地形成学生自主化管理，我们开展“朋辈讲师团”选拔活动。经过不断地创新与总结，我们社团承办的《优秀党员在身边》等两个活动先后获得学校优秀案例，《独立学院学生党员发展质量的创新研究》也获得 2015 年学校党建课题立项。点滴创新离不开理论的指导，与老师一同撰写的论文获得 2015 年校党建论文一等奖。2015 年我成为我校优秀学生党员报告会成员之一，与他人一同分享责任下的成长。

以张弛有度为原则，以力争上游为导向，方能使人铭记于心。我是张力铭，一名力争向上的大学生。

陈俊鹏

工业自动化学院，2014级，中共预备党员。专业排名1/151。

获奖及评优情况：

共参评优秀学生奖学金3次，其中特等奖学金2次、二等奖学金1次；

2016年大学生创新创业训练计划校级立项获两千元项目资金；

2016年第七届数学建模竞赛三等奖；

荣获2016年北京理工大学珠海学院第五届校园学术节之第三届科技创新展三等奖、最佳团队奖等学科竞赛奖5项；

2016年参加“互联网+农业助力新农村建设”的社会实践校级项目，获5 000元资金并且被评为优秀团队。

扶摇直上九万里

北冥有鱼，其名为鲲，化而为鸟，其名为鹏，是陈俊鹏。名如其人，我喜欢把自己比喻成一只努力奋斗的大鹏鸟。

还记得刚步入大学的第一天，初出茅庐的我是一只不会飞的菜鸟，看着优秀的苍鹰在蓝天展翅搏击，那时我便决心要当一只扶摇直上九万里的大鹏。秉承着“德以明理，学以精工”的校训，我立志以全面发展、精益求精的标准，让自己成为一名可堪时代大任的北理人。

在北理，我锤炼思想，追求进步，在党的号召和老师的引领下，现在已经成为一名中共预备党员，跟着优秀师兄师姐的步伐一同前进，让自己也成为身边同学学习的优秀榜样。

想要会飞，首先必须锻炼翅膀。然而我深知，思想是基石，而知识才是力量，在过去的两年里，我勤奋刻苦，凭借自己的努力成绩至今一直保持着专业第一，获得2次特等奖学金，荣获优秀学生和优秀干事称号，并通过英语六级考试。为了培养自己的兴趣爱好，在繁忙的学业与生活中，我额外抽空坚持学习了一年半的日语和一个学期的基础法语。

在学生工作任职方面，曾参加过学院男模队，学院讲解团，服务于学院党总支学院办公室，一直在大学生职业发展协会发展着，并在CAD技术协会担任项目部部长，带领团队参加各种机械创新设计比赛，参加项目创新设计等，并获得优异成绩。

但想要有雄鹰般的力量，只有意志是远远不够的。实践方是检验真理的唯一标准，学以致用才是真正的学会。为了突飞猛进，展翅高飞，这两年我积极参加学校、学院组织的学科竞赛，并获得多个奖项。其中，我曾在数学建模大赛中荣获三等奖；在百万同题英语作文大赛中以第五名成绩荣获二等奖；荣获艾乐家一等奖学金5 000元；等等。与此同时，我也注重科研创新，带领着团队参加各种机械创新比赛，在校园第五届学术节之第三届科技创新展中荣获三等奖，并获得最佳团队称号。团队的扳手项目在大学生创新创业训练计划当中成为校级培育项目并获得2 000科研资金，在实践方面，参加暑期社会实践活动并获得校团委5 000元资助，开展对汕尾地区进行“互联网+农业主力新农村建设”，不仅被校团委评为优秀团队，而且受到汕尾政府的关注并被刊登至《汕尾日报》。

在生活上，我尊敬师长、乐于助人，以一颗热情饱满的心与其他人交朋友，变得更加独立。我与舍友、同学也都能相处得很好。在大学，朋友圈也已经不仅仅局限于自己的班级，而且也包含了其他学院、其他班级。在这种丰富的大学生活中，不仅让我觉得大学生活是灿烂的，更重要的是可以和不同的人一起交流，得到更多的收获。

通过自己一次又一次的不断飞越，终于我成为一只带着力量、带着梦想扶摇直上九万里的大鹏。“雄关漫道真如铁，而今迈步从头越”，不管过去怎样，奋斗的脚步仍要继续。我深知，大鹏之动，非一羽之轻。回首过去，心中无限感慨，展望未来，相信依旧灿烂。学习中的收获，生活中的点滴，思想上的感悟，依旧让我难以忘怀。将来的我，依旧不会放慢脚步，依旧一直往前走。我将奋力振羽，飞向我最终的理想目标！

雄心壮志，坚定不移。坚韧不拔，自强不息！

陈冲

信息学院，2012 级，中共党员，担任北京理工大学珠海学院棍道协会副会长。专业排名为 1/172。

获奖及评优情况：

共参评优秀学生奖学金 5 次，其中特等奖 4 次、一等奖 1 次、三等奖 1 次；

国家励志奖学金 2 次；

获得校“优秀学生干部”“优秀干事”等荣誉称号 5 个。

2014 年，参加“成理杯”第四届全国大学生计算机博弈大赛暨第八届全国计算机博弈锦标赛，荣获苏拉卡尔塔棋项目比赛二等奖；

2014 年广东省传统武术项目锦标赛男子青年组传统南派软器械二等奖（个人）；

2014 学年校园十榜之“自强励志榜”登榜人物；

荣获北京理工大学珠海学院第二届物理实验竞赛一等奖等校级奖 3 项。

坚持到最后

陈冲，中共党员，2012 级电气工程及其自动化专业学生，2014 年度校园十榜人物“自强励志榜”登榜学生，2014 年优秀党员报告会成员，2014—2015 学年光大奖学金获得者。

曾获优秀学生奖学金特等奖 4 次，一等奖、三等奖各 1 次，连续两年获国家励志奖学金，荣获校“优秀学生标兵”“优秀干部”“优秀学生”称号；2014 年荣获第八届全国计算机博弈锦标赛二等奖、广东省传统武术项目竞标赛传统南派软器械二等奖、北派软器械二等奖。现担任班级团支书，曾任北京理工大学珠海学院棍道协会会长、北京理工大学珠海学院勤工助学中心家教部助理、双节棍教练员等。

个人参加过珠海市大学生艺术节开幕式表演、北京理工大学珠海学院2013年迎新表演、十年校庆等大型的文艺晚会表演等。参与编排十周年校庆表演节目《棍影骀风》，节目不仅在表演当天取得了较好的反响，同时也受到了澳门回归十五周年文艺晚会导演组的重视，于2014年12月20日参加澳门回归十五周年的晚会演出。

对自己负责——做一个自强不息的人

进了大学，开始接触大学的种种，在陌生的环境摸索前进，面对各种各样的机遇与挑战，我着手规划接下来四年的学习生活。为了减轻家庭的经济压力，生活费大部分来源于兼职以及奖学金所得，从小学四年级暑假开始就做暑假工的我，对于兼职，乐此不疲。

我在校内外谋求过多份兼职，销售、房地产活动的促销、自助餐厅厨师等，都尝试过，并都得到了上司的好评。在每次工作中我都秉承认真的态度，不断提高自己的综合素质。

在学习中，我取得了优异的佳绩，名列前茅，并在校内外各类竞赛中获得丰硕成果。在获奖评优上取得二十余项佳绩，其中国家级3项、省级2项、校级14项并在同一学年完成两项校级科研项目。课余时间里，我参与了珠海市大学生文化艺术节、十周年校庆晚会等大型晚会演出。2014年，我受邀代表大陆学生前往澳门参加电视台录制的澳门回归15周年晚会表演。

对他人负责——做一个默默付出的人

我在班里担任班干部，在学校社团担任职务，努力为集体争取荣耀，并荣获校级优秀学生干部、优秀社团干部等称号，在集体中与大家共同进退。我积极带领班级里的同学们参与学校、学院举办的各种活动，所在班级先后被评为“信息学院先进团支部”“优良学风班”等；2014年暑假作为队长，组织本专业的暑期社会实践团队进行社会实践，并获得院级一等奖，报告荣获校级优秀报告。

我加入了学校勤工助学中心，每到放假的前夕，我都会利用周末的时间在外面寻找兼职，为自己同时更为他人提供兼职岗位，减轻经济负担；在班级担任团支书一职，班级大小事务都能妥善解决，得到了同学们的一致好评，并获得“优秀学生干部”等称号；在棍道协会任副会长一职，任职期间，协会荣获“十佳社团”称号，并带领协会各成员积极参加校内以及珠海市内外各类表演等。

我热衷校内外的公益活动，加入了珠海市香洲义工服务队，利用周末空闲时间去帮助他人，积极参加关爱聋哑儿童、探访孤寡老人等公益活动，为公益事业贡献自己的一份力量！

对未来负责——做一个不断追求的人

作为一名普通家庭出来的学生，我深知大学四年的时间是宝贵的，是人生最美妙的一段经历。如何经营自己的大学生活是我一直在思考的事，我知道不断提高自己磨炼自己，才有机会和能力创造属于自己的天地，才能回报社会，为母校争光，实现自己的人生价值。

从最初，出于对武术的喜爱自学套路，到报名参加 2014 年广东省传统武术项目锦标赛，并获得两个个人项目的二等奖，其间留下的汗水和伤痛只有自己知道；从最初，对编程不太熟练，通过自学编程算法，查阅各种资料，再到报名参加 2014 年第四届全国大学生计算机博弈大赛，并荣获苏拉卡尔塔棋项目二等奖，从艰辛中得到的成果却是令自己欣慰的。

人生总会存在不如意，重要的是自己要能坚持到最后。

蓝桐

商学院，2012 级，共青团员，担任辅导员助理。专业排名为 1/118。

获奖及评优情况：

共参评优秀学生奖学金 5 次，其中特等奖 2 次、一等奖 1 次、二等奖 2 次；

获得“优秀学生”“优秀团员”等荣誉称号 3 个；

全国中高等院校学生 BIM 应用技能网络比赛本科组一等奖；

参与校大学生创新项目——基于珠海唐家湾历史文化遗产保护现状的调研；

《珠海唐家湾历史文化遗产保护及其现状》获 2014 级校级优秀报告；

荣获第二届 CAD 制图设计大赛活动团体赛一等奖等校级奖项 6 项。

勿忘初心，方得始终

风雨兼程。回首大学全程，三年仿佛飞逝而过。想想刚刚进入大学的那个画面，一切还记忆犹新。我仿佛还是那个未成年小女孩，踏入北京理工大学珠海学院这所学府，掂量着自己的小胆量，小心翼翼向前奔跑。

而千变万化，已在这位小女孩身上悄悄展开。大一时，竞选班干部、加入社团、参加比赛，做一切没有做过的事情，经常怀着小鹿乱撞的心闯荡。努力未必有回报，但潜移默化带来的影响却是无限的。

开始变得不同是开始认真思考的时候。为什么同一个起点、分数段入校，而师兄师姐走的道路，却大不相同。为什么有人可以拿到顶尖的成绩，学富五车，而有人却碌碌无为，甚至荒废四年？带着青春所谓的迷茫，我开始挣扎。

当你感到辛苦时，或许正是破茧成蝶的时刻。如同作茧自缚般，反复询问自己的核心竞争力，大学一年级的我，无疑是找不到的。我开始学习，开始反复考问自己。我曾问过别人：专业排名第一，究竟怎么做到的？不止一个人告诉我："他们生来就有天赋，不用学习，就是很厉害。"

我选择了不相信。抛弃杂念，从每科专业课着手，认真品读每一本书，根据自己的问题，到图书馆寻找辅助资料，徜徉在知识殿堂。不问名次，只问自己学到什么。

坚持不懈，生活会给你惊喜。大学二年级排名公布了，像往常一样从二十名左右开始看，并没有寻找到自己的身影，那先看看第一名。

嗯？不是按名次排？嗯？是呀！

比所有人更意外，第一名是自己，我不敢相信！或许，这正像那句话所说的——勿忘初心，方得始终。

这件事确实给了我信心，鞭策我不断前进，不断努力。

其实大学生活中，更难忘的还有家庭的力量以及良师益友的帮助。父母家庭给了我无比的温暖，亲切的辅导员们、敬业的专业老师们、亲爱的同学和小伙伴们，在这过程中，给足了我最大的动力。感恩他们带给我的一切。

仍然相信那句话：勿忘初心，方得始终。这是我一生受用的信仰。还有句话说得好："真正的努力是一步一步的……它可能并不忙碌，但是绝对安稳踏实，绝对坚持不懈，不轻浮，也绝不浮夸。"

曹敏锋

航空学院，2014 级，共青团员，担任航空学院学生会学习部部长。专业排名为 1/235。

获奖及评优情况：

共参评优秀学生奖学金 3 次，其中特等奖 2 次、一等奖 1 次；

2014—2015 年北京理工大学珠海学院航空学院冯如一等奖学金。

自 强 人 生

我叫曹敏锋，是航空学院 2014 级飞行器制造工程 4 班的学生。作为北京理工大学珠海学院的一名学子，我感到无限的骄傲与自豪！回首进入大学这一年来，我已明显感觉到自己在各方面所取得的进步，秉承着“德以明理、学以精工”的校训，向着自己的梦想前进。

作为一名大学生，我深知现在的社会竞争是如此的激烈，所以要想成为对国家、对社会有用的人才，必须德、智、体、美全面发展，并且具有过硬的专业技术。也正是如此，自入学以来，我一直严格要求自己，向着制定的目标不断地努力奋斗。

在学习方面，我一直刻苦学习，努力务实，抓紧分分秒秒的时间学习专业文化知识。在这一年来，我的总绩点和综合成绩专业排名第 1，获得过优秀学生一等奖学金、特等奖学金、航空学院最高奖项冯如奖学金一等奖。同时，我自己坚持不懈，以取得更大的进步。在 2015 年 10 月我通过自己的努力成为全校唯一一个 2014 级光大奖学金获得者。2015 年 6 月我也通过英语四级的考试，其实在我看来，学习是自觉的事情，只要我们想学，没有什么事可以成为我们前进的障碍。

在工作方面，自 2014 年入学以来，我一直表现突出，以优异的成绩及端正的学习态度，获得学习委员一职，并担任航空学院学生会学习部部长。在担任干部期间，我认真负责地做好自己的本职工作，虚心向别人学习，以全心全意为同学服务为宗旨，开展了新生早读和航空学院的学风考勤建设，成为航空学院优秀社团的一员。此外，我还经常帮助同学们学习，解决他们的疑难，我们2014级飞行器制造工程4班在我的带领之下成为年级学风最好、挂科人数最少的班级，他们的成绩都有所提高，我很欣慰，因为我的努力没有白费。

在生活方面，我勤俭节约，积极向上，能够跟同学们和睦相处并且跟他们打成一片，同时我也多次参加了学校各种比赛，例如数学竞赛、英语竞赛、知识竞赛等。我还积极参加体育锻炼，在院运会上获得男子400米接力第6名，帮助班级获得团体总分第2名。这些都让自己生活变得趣味十足并且意义非凡。

在社会实践和素质拓展方面，我积极参加学校公益活动，例如访老活动，“善行100”活动，以及其他的志愿者活动，在这一年里我一共获得了115个义工学时，帮助别人的时候，自己也获得了快乐，我的生活变得有意义了。此外，在2014年的暑假，我在广州富星电子有限公司进行实习一个月，积累了一定的实践经验，初步了解社会，也让自己变得更加坚强。

在思想方面，大学是人生成长的重要阶段，一直以来我都积极向党组织靠拢，我向党组织递交了入党申请书，努力学习党的理论知识，并被确立为入党积极分子，我感到无上光荣。在困难面前，我不屈不挠，以积极乐观的心态面对，即使自己失败了，跌倒了，我也总是鼓励自己重新站起来再奋斗。

总的来说，我能走到今天，不仅靠自己的努力，还要感谢学院对我的培养，感谢帮助过我的人，没有他们就没有今天的我。

郑绍奕

会计与金融学院，2012 级，共青团员。专业排名为 1/626。

获奖及评优情况：

共参评优秀学生奖学金 5 次，其中特等奖 4 次，一等奖 1 次；

获得“优秀学生”等荣誉称号 2 个；

2015 年全国高校商业精英挑战赛会计与商业管理案例竞赛全国总冠军；

第三届财务案例分析大赛暨全国高校商业精英挑战赛选拔赛二等奖；

荣获第六届中华会计网校杯优秀奖等校级奖项 3 项。

成功是留给有准备的人的

展现自我，突破自我，不鸣则已，一鸣惊人。我是来自会计与金融学院 2012 级会计学 4 班的郑绍奕。

读万卷书，行万里路，不知则问，不能则学，我就是秉承着这种学习态度，从大一坚持到现在，取得了平均累计绩点为 4. 1 的好成绩，年级 645 人中专业累计成绩排名为第 1 名，并且三年来一直保持着专业成绩第 1，在 5 次参评奖学金中 4 次获得特等奖学金，1 次获得一等奖学金，并多次获得“优秀学生”称号。

优秀学生“优中选优”，学习成绩好不是优秀的唯一硬指标，我们需要全面发展、协调发展。我把心思投入了学科竞赛中，参加了学院和学校各种大大小小的专业赛，例如在“中华会计网校杯”校内选拔赛决赛中获得优秀奖；在“财务案例分析大赛暨全国高校商业精英挑战赛”校内选拔赛中获得二等奖等。值得一提的是通过学校专业赛，被老师选中作为代表去北京首都对外经济贸易大学参加 2015 年全国高校商业精英挑战赛，在与 211、985 等高校激烈角逐，小组赛中以组内第一进入决赛，决赛中以 89.2 的高分夺得总冠军，并与亚军安徽大学拉开了 8 分的差距。我们收获的不仅仅是一个冠军，从校内选拔赛到全国这个大舞台，我们享受过程、享受比赛，收获更多的是我们团队四人的友谊。

说到团队，我拥有一个更大的队伍，会计与金融学院女篮。人们说男儿当自强，而我认为女子更应当自强，巾帼不让须眉，从大一到现在一直作为会计与金融学院女篮的一员，为学院和专业打过不少比赛，在专业赛里，获得两次篮球嘉年华女子组第一名；校赛中，获得了两次校篮球联赛女子组冠军。这些荣誉见证了我们无数个日夜在球场上的苦练与拼搏。我们有过大笑、有过呐喊、有过跌倒、有过受伤，而我们骨子里透出的坚持让我们拼下了一场又一场比赛，是队友们让我相信团队的力量以及永不放弃与永不低头精神的可贵。

生命在于运动，而生活在于工作。学无止境、学以致用，光有理论的学习不足以支撑自己顺利地融入社会，找到一份好工作，我们需要不断地进行社会实践，积累社会经验。我利用大二、大三暑假在深圳市宝豪劳务有限公司财务部实习四个月，在公司里担任会计员，进行会计核算，将自己所学与实践相结合，提高了自己的专业技能。当然，选择了会计专业就选择了考证之路，大学期间获得了会计从业资格证、初级会计职称和英语四级等证书，现在也在积极地为 CPA（Certified Public Accountant，注册会计师）做准备。目标是毕业后两年内过六门。大家都说理想很美好，现实很骨感，而我想说命运就像自己的掌纹，虽然弯弯曲曲，却永远掌握在自己手中。我相信成功是留给有准备的人的。今天我为北理工而骄傲，明天北理工定将为我而自豪。

黄彩兰

材料与环境学院，2012 级，共青团员，担任教学信息员。专业排名为 1/82。

获奖及评优情况：

共参评优秀学生奖学金 5 次，其中特等奖 1 次、一等奖 2 次、三等奖 2 次；

国家励志奖学金 2 次；

优秀学生 1 次、优秀团员 1 次；

“东华科技 · 三井杯”全国大学生化工设计竞赛全国二等奖；

全国大学生化工设计竞赛华南赛区特等奖；

“创青春”广东省大学生创业计划大赛公益广东省金奖；

北京理工大学珠海学院“挑战杯”大学生创业计划大赛公益赛二等奖。

为梦想奋斗，为成功坚持

我出身一个农民家庭。但从小我就立志：人穷志不穷！一直以来我都在努力追寻自己的梦想！我总是会告诫我自己：虚心使人进步，骄傲使人落后！然而现实告诉我们：你必须很努力才能看起来毫不费力！

人们常说：“不经历风雨，怎么见彩虹？”可以说，大学三年来我是在逆境中学会了成长！还记得刚来大学的时候曾因为社团面试、班委竞选失败而哭过；也曾为大学校园的人际关系而苦恼过。但经历过这些挫折和失败，我积累了经验，也让我明白了一个道理：自信是踏出成功的第一步！很感谢这些挫折和失败，让我学会了坚强！

后来我成功地加入了人生中第一个大学社团——爱心义工协会。我做过金鼎养老院访老、街上义卖活动，我还当过雅安地震灾区募捐活动的志愿者。再后来我加入了北理自强总社，担任宣传部部长；当过文明交通指引志愿者、图书馆志愿者以及普陀寺志愿者；还记得当时每天忙完社团工作后还要忙作业，有时候还会忙到凌晨一两点。就这样，我在社团工作和大量的作业中忙碌地度过了我大一、大二的生活。虽然忙碌的生活让我感觉很累，但是我觉得很充实，而且可以学到很多课堂上学不到的知识。

当然，除了社团工作和公益活动，我还积极参加各种社会实践活动。例如，我参加过化院党总支办公室组织的素质拓展活动；大二暑期的时候我还参加了学工处组织的三下乡活动，到河源市宣传国家助学贷款政策，我的社会调查报告还被评为“2014 年校级优秀报告”。

为了全面发展自己，我还积极参加各种比赛活动。就在 2015 年 3 月份，本人组队并担任队长参加了第九届全国大学生化工设计竞赛，经过 6 个月的努力，我们最终获得了全国二等奖、华南赛区特等奖，还记得我们当时在中南大学参赛，为了准备答辩演讲，熬夜练习到凌晨四点，只睡了两个小时；后来以小组第一进入第二轮决赛，我们又熬了一晚上，最后我们累到都在座位上睡着了。所以说：成功背后总会伴随着一个艰辛的过程，要想有成功，就要有付出。

说到学习，其实高中那时候我化学基础很差，来到大学后总担心自己学不会，然而我没有放弃，而是选择靠后天的勤奋来填补先天的不足，最后我通过自己的努力换来了今天丰硕的成果。大学三年来，我通过自己的努力一步一步地朝着自己的目标奋斗！一步一步地往上爬。因为我坚信：越努力越幸运！

其实我是一个追求完美的女生！不管是学习还是做事，我都秉持着认真的态度和执着的精神。要么不做，要么做到最好！这就是我。也正是因为这种认真的态度和执着的精神，我得到了很多老师的赞赏和肯定。

学习之余，有时候我还会出去兼职来赚取生活费。我做过工厂流水线工作，做过促销，做过家教，还派过传单。从大二第二学期开始我就没有拿过家里一分钱，都是用自己的奖学金来维持生活。

这一路走来，我的大学生活看似一帆风顺。然而光环背后的故事只有自己才知道。生活不可能总是一帆风顺的，我们总会遇到这样或那样的挫折和困难。其实挫折并不可怕，可怕的是我们习惯做温室里的花朵后，当暴风雨来临时我们就会变得不堪一击。所以我们要使自己变得强大起来，才能更好地去迎接未知的未来！

我也曾经是一个自卑的女孩，总觉得自己没有别人那么漂亮，没有别人那么高挑，没有别人那么优秀；我也是一个很敏感的女生，很在乎别人对我的看法和评价。来到大学以后，总觉得自己压力山大，有家人无形之中给我的，也有我自己施加给自己的压力。有被人无视和不理解的时候，也有过有苦说不出来的时候，有时候觉得自己真的很累。后来是一篇文章改变了我，让我快乐地做我自己。这篇文章是这么说的：

你人再好，不是每个人都会喜欢你；
有人羡慕你，也有人讨厌你；
有人嫉妒你，也有人看不起你。
生活就是这样，你所做的一切不能让每个人满意，
不要为了讨好别人而丢失自己的本性，
因为每个人都有原则和自尊！
别人嘴里的你，不是真实的你。
不一样的眼睛，不一样的看法；
不一样的嘴巴，不一样的说法；
不一样的人心，不一样的想法；
不一样的钱，不一样的花法；
不一样的人们，不一样的活法；
人生的路，要活出自我，活出自信！

对！我觉得每个人都有自己的活法，但相同的是我们都在为梦想奋斗！为成功坚持！很感谢在我人生道路上帮助过我的家人、老师还有朋友，谢谢你们！你们的支持和鼓励，是我努力前进的最大动力！

20 岁的贪玩，“造就”了 30 岁的无奈；30 岁的无奈，“成就”了 40 岁的无为；40 岁的无为，奠定了 50 岁的失败；50 岁的失败，酿造了一辈子的碌碌无为；一辈子一眨眼就没了。

请不要在该奋斗的年纪选择安逸！

黄伟耿

机械与车辆学院，2012 级，中共党员，担任 2014 级机械工程 6 班班主任。专业排名为 1/382。

获奖及评优情况：

共参评优秀学生奖学金 5 次，其中特等 2 次、一等 2 次、二等 1 次；

国家励志奖学金 2 次；

获得“优秀学生干部”“优秀团员”等荣誉称号；

第十三届“挑战杯”广东省大学生课外学术科技作品竞赛三等奖；

北京理工大学珠海学院第三届机械创新设计大赛一等奖等校级奖项 4 项；

参与国家级项目 1 项，省级项目 2 项，其中“一种新型硬币挑拣装置的设计”，获 10 000 元科研资金，已顺利结题。

自强之路，步步为营

他，是一位来自普通家庭的学生，并不聪明，高考成绩并不好，然而进入大学后，通过自己的努力，现在学习成绩在专业 382 人中排名第 4，多次拿了优秀学生奖学金特等奖，获得国家级奖励 2 项、省级奖励 1 项、院校级奖励 28 项；参加大学生创新创业项目 3 项，其中 1 项通过国家级立项、2 项通过省级立项，现已成功结题，现在申请专利有 3 项；曾任北京理工大学珠海学院 CAD 技术协会技术部部长，机械与车辆学院党总支学生办公室副主任，2014 级机械 6 班班主任。没错，这个人就是我，我叫黄伟耿，是机械与车辆学院 2012 级的学生。今天很高兴能和大家一起分享我的自强之路。

自强之路，步步为营；我的自强之路四步走。

第一步，在生活中感悟自强。我是来自普通家庭。高三那年，父亲病倒，家庭状况几经波折；但是，父母依旧乐观，依旧辛勤劳作，一点一滴感染着我，激励着我坚强地面对生活的难关，勇往直前。

第二步，自强的信念下寻求磨炼。经济上，我深知父母供我和姐姐上大学不容易。上大学后我就再也没有向父母拿过生活费，都是靠自己的努力赚取。通过奖助学金和兼职所获累计达 4.5 万元。在炎炎烈日下，在天寒地冻里，在喜庆节假日……我都没有浪费时间，而是选择磨砺自己，企业实习、路边派单都有我的身影。同时我深知学生第一任务是学习，在校期间，我寻求学习上的磨炼，参加了“挑战杯”“机械创新设计大赛”“简历制作大赛”“创新科技奖”等科研竞赛，同时也都获得骄人的成绩。

第三步，磨炼成长中习惯自强。无论工作、学习和生活，面对困难，我都积极面对，积极接受磨砺。正是一步步的磨炼，一步步的成长，才得以得到学院和同学们的信任，才得以一步步当上社团主任和新生班主任。我不断地传播自强的信念，让更多的人习惯自强。我感谢自己的每一次经历，让我慢慢地习惯自强。

第四步，自强习惯教我感恩。感谢一路来与我不离不弃的父母，感谢一路来盼我成长、帮我成长的师友们，感谢一路来盛放我梦想给予我平台的母校。你们挺直了我的腰杆、照亮了我前行的方向。谢谢你们!

最后，我送给大家一句话“学海无涯苦作舟，奋发进取永不息”。自强不息，立志成才，应当是青春的主题，应当是人生的旋律，应当是时代的召唤。自强之路，步步为营，愿自强不息为我们的人生带来精彩，愿立志成才的我们为祖国的建设添砖加瓦。

李明霞

商学院，2012 级，共青团员，担任校自强社社长。专业排名为 10/187。

获奖及评优情况：

共参评优秀学生奖学金 3 次，其中特等奖 1 次，一等奖 4 次；

国家励志奖学金 1 次；

获得“优秀学生干部”“优秀团员”等荣誉称号 5 个；

2013—2014 学年获得国家奖学金；

2014 年“挑战杯·创青春”广东大学生创业大赛金奖；

2014“南海·大沥杯”广东省青年创新创业大赛暨盐商杯创新创业优秀奖；

2014 年珠海市“十大校园慈善之星”；

荣获北京理工大学珠海学院首届“挑战杯”大学生创业计划大赛之公益创业赛二等奖等校级奖项 3 项。

坚持，就会改变

或许很多人会抱怨高考失败，不甘心来到这个学校，三年前我也抱着同样的想法，但是在校期间本人自强不息，积极付出，实践得出的真理是：只要你愿意，北理工这个舞台也很大！

与时俱进，现代优秀学生理应全面发展、自立自强、学会感恩。本人是获得过国家补助的贫困学生，一直希望尽自己的能力回报社会。2012 年本人参与了北理自强社的创办（北理自强社于 2014 年加入中国扶贫基金会），它是唯一一个与国家公益机构挂钩的大学社团。本人加入社团期间，结合德育教育政策，已组织我校学生 30 000 多人次参加到公益活动中去，获得我校师生的高度赞赏，获得我校 2014 年“热心公益榜”十佳人物。

“坚持，就会改变!”虽然个人力量有限，但是我从未放弃过，通过自己的努力给社会带来更多的正能量。2014 年 4 月份，本人以社团代表身份，一个来自农村的我独自乘坐飞机到首都北京参加培训，并在回校后组织 700 多人次志愿者开展“善行 100”活动，共募集 25 万多善款，帮助了 2 500 多位贫困山区的孩子。该活动成绩在广东省排名第一名、全国第五名。本次活动为学校赢得了荣誉，宣传了北理工的形象，有利于本校知名度的提高。2014 年 7 月，我带领团队到河源市东源县进行国家助学贷款政策宣传，通过实地走访以及到校宣传的形式，走访了 200 个家庭，同时也对东源中学的在校中学生进行了宣传，给渴望上大学却又因家庭困难却步的学子带去了很大的希望，受到了当地民众的热烈欢迎。2014 年，我被评为珠海市“十大校园慈善之星”，个人事迹得到《珠海特区报》的报道。

虽然自己没有足够的资本，但是凭借自己的奋斗也可以实践心中的创业梦。2014 年 5 月份本人带领自强社的小伙伴们创立朗山公益项目，参加全国大学生创业大赛“创青春·挑战杯”获得省金奖，获得 2014“南海大沥杯”中国青年创新创业大赛创意奖。

我一直坚信：越努力，越幸运！在不断提高自己工作能力的过程中，我并没有忘记自己是一个学生，认真完成学业才是自己的本质任务，给自己定下了每学期必拿奖学金的目标。在校期间获得优秀学生奖学金特等奖 1 次、一等奖 4 次，2012—2013 学年度获得国家励志奖学金、2013—2014 学年度获得国家奖学金。

李舜舜

设计与艺术学院，2012 级，共青团员，担任校京涛海纳工作室理事、文艺总监。专业排名为 7/304。

获奖及评优情况：

共参评优秀学生奖学金 6 次，其中特等奖 2 次、一等奖 4 次；

获得“校园优秀干部”“优秀学生”等荣誉称号 6 个；

2013—2014 年获得光大奖学金；

第八届“创意中国”设计大赛优秀奖；

第六届全国大学生广告艺术大赛平面类全国赛区二等奖；

“蓝天畅想”中国航空航天博览文化创意设计大赛铜奖；

第四届中国高校美术作品学年展入选奖；

荣获第四届广东省大学生艺术展演表演活动二等奖等省级奖项 3 项；

荣获第四届校园文化艺术节之司仪风采大赛一等奖等校级奖 9 项。

大学这本书

我是 2012 级设计与艺术学院艺术设计 4 班的李舜舜，步入大学也就意味着人生掀开了灿烂而美好的崭新篇章，面对新的机遇和挑战，我想分几个方面来讲述自己所做的努力：

在学习上，我认真刻苦，积极进取，从未有一刻放松过对自己的要求，在校期间，参评校级优秀奖学金 6 次，获特等奖学金 2 次，一等奖学金 4 次，获 2013—2014 学年度光大奖学金。凭借着勤奋的学习态度与优异的专业成绩，我给学院以及各专业老师留下了深刻印象，其中所设计的正规书《京西儿戏》和概念书《Merry Christmas》被挑选参展视觉传达专业书籍装帧作品展。同时我积极参与校级、省级、国家级在行业具备高知名度、专业性的大型设计竞赛，曾获中国航空博览文化创意设计大赛铜奖、第六届全国大学生广告艺术大赛平面类二等奖，共获得国家级奖励4项、省级奖励4项、院校级奖励26项。

在工作上，校内我作为一名学生干部，敢于承担、甘于奉献，并具有强烈的责任心。大一任副班长时，曾参与组织同学在班级举行“设计梦想，助力青春”主题团日活动，在组织能力与团队协作上获得老师与同学们的一致认可。作为宿舍长，我热爱集体、团结同学，曾与宿舍同学共同获得校“三星级宿舍”荣誉称号，院文明宿舍评比二等奖。我曾任校学生组织京涛海纳工作室理事及文艺总监，负责校《海纳讲堂》学术品牌工作以及学校大型活动的流程策划、组织实施、主持礼仪的工作。其中包括我校第四部学生原创电影《花开夕夏》首映盛典、著名艺术家六小龄童先生主题报告会等。在职期间，我积极为校园文艺工作默默地付出，竭尽全力地培养了多位优秀的司仪人才，曾多次获得校级“优秀学生干部”“优秀团干部”荣誉称号，荣获第四届校园文化艺术节之司仪风采大赛一等奖，2014年登榜校园十榜人物“文艺新锐榜”。校外我注重课堂理论与工作实践相结合，努力把设计融入生活，现实习于金山软件有限公司，担任UI设计师一职，负责产品整体视觉设计与优化，工作能力得到公司内外的一致认可。

在思想生活上，我有着坚定的信念和明确的人生目标，并积极向党组织靠拢，已成为预备党员。同时，我积极开拓未知的领域，并不断努力地提升自我，曾获校大学生文化艺术节之第四届“汇声汇影”微创电影大赛一等奖，其中组队拍摄的公益广告片《Perseverance》获第六届全国大学生广告艺术大赛微电影类三等奖。

在公益活动中，我曾参与设计与艺术学院毕业展志愿者工作，在节假日期间探访社区养老院老人，接受相关的培训并持有珠海市红十字志愿工作者证。我参与了中国扶贫基金会发起的“善行100温暖行动”，其中个人的志愿者服务时长为56个小时，被授予二星级志愿者证书。

低调做人，踏实做事。努力很容易，坚持却很难，但是再难也不畏惧，让优秀成为一种习惯。我希望能保持着这样的学习方式与生活态度，给师弟师妹们起表率的作用，也为校园传递正能量。

李伊曼

数理与土木工程学院，2012 级，共青团员，担任建模协会教学部部长。专业排名为 1/76。

获奖及评优情况：

共参评优秀学生奖学金 5 次，其中特等奖 5 次；

获得“优秀团员”“优秀学生”等荣誉称号 4 个；

获得 2013—2014 学年国家奖学金；

美国数学建模比赛国际二等奖；

“高教社杯”全国大学生数学建模竞赛全国二等奖；

“高教社杯”全国大学生数学建模竞赛广东省一等奖；

首届 SAS 数据分析大赛一等奖；

数学建模校内赛优秀奖等校级奖项 7 项。

带上坚持往前走

在大学三年里，我一直坚信勤奋也是一种实力。我并没有天才般的智慧和思维，但是我一直为自己的梦想和目标努力着，我相信一切机会是留给有准备的人。在求知的旅途中，我一路辛苦奔跑，也一路面带笑容，曾获国家级以上奖项 3 项、省级奖项 1 项、院校级奖项 24 项。现在大四的我相比于大一的我，少了些青涩，多了份成熟；少了些任性，多了份稳重；少了些固执，多了份坚持。青涩、任性、固执的我，我依然很喜欢，正因为大一的我有那么一颗青涩不畏惧的心，才让我收获了很多。而成熟、稳重、执着的我，让我更好地生活和全方面地发展。

在大一期间，我确定了自己的学习目标。认真对待每一科目，尽自己最大的努力去学好它，这是我在学习上的座右铭。通过努力，我在大一期间获得特等奖学金两次等奖励。人生如长跑，一路艰辛，一路风景。我时刻提醒自己，不管在做什么事都要随着心走，看最美的风景，同时追求最全面的自己。大一时，在担任社联办公室助理和院学习部干事期间，我积极策划活动和配合师兄师姐们工作，主要负责社联办公室日常值班、社团文化节开幕式主持稿的撰写、社团各类活动的布置等。社团生活让我收获了许多：组织能力、成长、友谊等，让我的大学生活有了更多精彩的篇章。

我也利用课余时间参加竞技类比赛，并在第七届校运会中获得800米第一名。在赛场上的我是勇敢的，是不可被超越的，我会在跑的过程中，鼓励自己，鞭策自己。其实人生如长跑，坚持是直挂云帆的关键，正因为我坚持了，所以我收获了。在日常生活中，我是一个阳光开朗的女生，我热爱旅游，热爱公益，曾多次参加关爱聋哑儿童的活动。

大二期间，我并没有过多地要求自己，对我自己来说，想要达到什么高度，只要自己尽力去做就行了。结果固然重要，但是过程会让自己学到更多的东西。在大二期间，我加入院排球队，并成为院排球队队长，积极组织体育活动；担任院自强社志愿队长，积极参加公益活动；担任班级学习委员，积极辅导同学学习。在一年的努力下，我得到老师、同学的肯定，多次获得“优秀团员”“优秀学生干部”等荣誉称号。在学习方面，我的专业成绩一直名列前茅，连续4次获得优秀学生奖学金特等奖；除此之外，我还积极参加了学术类比赛和竞技类比赛，荣获美国建模比赛国际二等奖、全国数学建模比赛国家二等奖、SAS数据分析大赛一等奖等，这些奖项是对我的努力最好的嘉奖。

大三的我，任职数学建模协会教学部部长和数理学院办公室助理，这让我觉得很光荣，但更多的是一份责任。而我必须成为一个不仅能做事，还能处理人际关系、协调各部门工作、肩负起责任的人。这一学年，经过层层选拔，我获得了国家奖学金；此外我们学院在第九届女子项目4×400米中成绩有很大的提高，我们获得了校运会第三名。我们没有太多运动的天赋，但是我们选择了默默努力，终于获得校运会团体前三名的好成绩。在大三暑假期间，我有幸在优控公司担任数据挖掘助理工程师一职，主要负责的是样本量六亿个数据的清洗、可视化、算法编程以及技术文档和研究报告的撰写等工作。在工作中，我成长了很多，跟前辈们一起学习，一方面让我学会了更好地做人做事，另一方面也提升了我的专业实践能力。

现在，我迎来了大四生活。大四生活是忙碌的，也是充实的，我时刻提醒自己是应届生，因为我觉得现在找工作是第一要紧的事，当然从各个方面提升自己的专业技能也是很重要的事情。明确自己的职业目标，为这个目标做好前期的准备，我相信会有意料之外的收获。

人生就像站在沾满灰尘的镜子前，我们所能做的是擦拭它，看清自己。我们还要看清自己的路，并勇敢地前进，相信明天会更好。有些时候，敢于背上自己预料外的包袱，真的努力后，我们会发现自己比想象的更优秀。

林慕飞

文法学院，2012 级，担任中共党员校勤工助学中心主席。专业排名为 2/94。

获奖及评优情况：

共参评优秀学生奖学金 5 次，其中特等奖 2 次、一等奖 2 次、二等奖 1 次；

获得校“优秀军训学员”等荣誉称号 5 个；

2014 年第四届广东省大学生写作竞赛（本科组）二等奖；

2014 年珠海市城管局“街谈巷议话珠海”微博征文活动人气奖；

荣获 2014 学年北京理工大学珠海学院校园十榜人物之“社团精英榜”十佳人物等校级奖 4 项。

像“疯”一样自由

很多听到“林慕飞”这个名字，第一感觉：啊，这是一个武侠小说中男生的名字！本人应该也是一个锄强扶弱、侠义豪情的江湖剑客，抑或是辅弼圣主、匡扶天下的将军！然而，我本是女儿身，又不是男儿郎，不会像花木兰代父从军，也不会纵横江湖和武林，我更加向往自由、努力、向上的生活。

很多人会说我追求极致和完美，不如说我有一种比别人更加认真的态度。妈妈总是会说她这个女儿比较蠢，出门会担心我迷路，交朋友恋爱会担心我被骗，上大学会忧心我不能自己照顾好身体……可是，妈妈不知道这个很蠢的女儿在学校里面却是一个很努力、积极向上的好学生。是的，很多时候，靠努力就能做好的事情，根本就不用谈天赋。聪明的人有很多，但是勤奋努力、肯下笨功夫的人太少，所以成功的只有少数人。我记得上学期，我们专业有一个语言文学专题的研究，主要是撰写专业论文。很多人都认为林慕飞写出了一篇 6 万多字、50 多页的专业硕士论文是一件很棒的事情，她实在太厉害了。其实，我只是比别人花了更多的心思去做这件事情，别人可能是用了两三个晚上去完成一篇论文，我却花了 1 个多月去查找文献资料、筛选词汇材料、进行海量分词……我把 60 多篇参考文献看了一遍、去请教指导老师如何写论文框架，求助其他学校的同学帮忙下载论文资料，每天上完课就去图书馆，直到晚上 11 点半回到宿舍，又继续熬夜制作 Excel 语料库、分析词汇材料。我不是特别聪明的人，但我是一个很努力的人；我不是吹毛求疵，我只是想尽力、负责地做好每一件事。

天道酬勤，你所有的努力都会带给你意想不到的惊喜。在社团工作上，秉着踏实认真的态度，我尝试着做好每一次会务工作，竭尽全力办好每一场社团活动，其中包括学校大型的“淘宝嘉年华”活动、珠海市高新区第一届“实习有位来”招聘活动以及“国庆招聘会”“元旦招聘会”等。这些招聘活动为在校的学生提供了 4 000 多个兼职岗位，累积金额达到 80 多万元。在去年，我们社团被评为“十佳社团”，而我也获得了校园十榜之“社团精英榜”的十佳人物。

在学习上，我认真对待自己的专业。每一次上台讲课之前，我都会做好充分的准备，包括精心制作课件、台下试讲两到三遍，自己一个人对着电脑的 PPT 自言自语，在大家看来，我已经疯了。其实，我是一个很实在的人，为人师表，不能误人子弟，这是对他人负责，也是对自己负责。记得上学期在金鼎一小担任实习语文老师，因为要对台下 49 个小孩负责，我每次讲课之前，都会跟我的实习指导老师进行试讲，最多的时候试讲了 3 次。每一次试讲之后，我根据老师给出的建议来进行课件和教学内容的修改，很多实习的同学四点半就下班回学校了，我经常是五点半之后才回来。实习期间，我的指导老师总是在班上跟小朋友说，林老师是一个优秀的老师，能力很棒的老师。然而，我自己也不能辜负老师对我的期待和认可。作为实习小组的负责人，我认真负责地完成实习期间的每一个工作，包括实习单位与校方的工作、实习总结大会、实习学生的相关考勤工作等。通过在实习单位、学校、同学之间的不断接触和沟通，我更加提高了自己的为人处事、沟通交流的能力。

我是一个爱折腾，向往自由的人。顾名思义，其实我是渴望像“疯”一样自由。小时候，父母不让我出去跟小朋友玩耍，我每天只能在阳台上看着楼下嘻嘻哈哈的小朋友。后来长大之后，我走出来了，我积极去交朋友、参加社会实践活动，去锻炼自己，去不断拓宽自己、发展自己，在一次一次的实践经验中完善自己。读万卷书，不如行万里路。我希望可以去更大的地方去看看，经历得越多，就越会发现自己的不足，从而保持一颗谦虚的心，不断求知，不断求智。

林展炳

信息学院，2012级，中共党员，担任毅恒团队副队长。专业排名为5/125。

获奖及评优情况：

共参评优秀学生奖学金5次，其中一等奖1次、二等奖3次、三等奖1次；

获得2014年度“安联锐视创新基金”奖学金；

获得“优秀学生干部”“优秀学生”等荣誉称号4个；

“瑞萨杯”全国大学生电子设计竞赛广东赛区二等奖；

第十四届“挑战杯”大学生课外学术科技作品竞赛之科技发明制作类作品二等奖；

第十三届“挑战杯”广东省大学生课外学术科技作品竞赛三等奖；

第九届全国大学生“飞思卡尔”智能汽车竞赛摄像头组三等奖；

获得北京理工大学珠海学院第二届“科技创新展”一等奖等校级奖10项。

尽力诠释完美

大学开始时，我就立志要做一个有价值的人。我积极参加各种活动，想把握住每个能锻炼自己的机会，因为我想在大学的起跑线上来一个完美的起跑，这才可能让我的梦想更容易实现。

大一时社团纳新，我被学校里各种各样的社团和团队所吸引，先后加入了学生科技协会技术部、毅恒团队等5个社团，同时还担任了班干部。社团活动开阔了我的眼界，最后我又被智能小车和机器人所吸引，于是便潜心自学电子信息类的知识，成了一个不一样的技术宅男。

仅仅只专注学习是不够的，所以参加各种比赛就成了检验我学习成果的一个标准。由于大一时我就自学了大三才开课的《微机原理和接口技术》课程，所以那时就能跟大二大三的师兄同台竞技，而且还获得不俗的成绩。依然记得第一次比赛做作品的两个多月期间，一天睡不足5个小时，在交作品的前两个星期，更是一天才睡两个小时，初衷很简单就是为了能够交比赛作品，但是我相信自己能做好，我自信我的作品并不会比师兄师姐的差。最后成绩排在第四名，获得二等奖。这是我大学中获得的第一个奖，从那时起，一股少年奋发图强的热血就喷发得不可收拾。

拖着疲惫的身躯在课堂上，依旧不敢落下功课。因为我知道基础课是为我科研创新道路做铺垫的，假如落下了再怎么自学也会很吃力。走创新实践的道路是十分艰难的，不仅要经受得住身体上的磨砺，还要在精神上战胜自我。我在一次焊接电路时由于操作失误，把300多摄氏度的焊锡弹进了眼睛里，黑色的眼珠上马上有一小块白点，把我吓得不轻，现在我早已经忘记了疼痛，伤疤也好了，但我依旧能记得我在被烫伤的那刻强忍住疼痛慢慢地放下作品，生怕弄坏了它的场景。最后经过3周的治疗，幸好眼睛没事，视力依旧5.3。但是我也并没有因此感到恐惧而放下电烙铁，因为我知道在信息学院学生手中的烙铁就像作家手中的笔、医生手上的救命手术刀一样的珍贵。两天后我又拿起烙铁，“睁一只眼闭一只眼”继续做下去。我现在回想起来，觉得正是这样的疯狂才可能会有我今天这样的成绩吧！

在学习中，我坚持默默地付出，不断提升自我，我坚信是金子总会发光的。大一即将结束前，我被毅恒团队的队长推荐去参加飞思卡尔的比赛。几乎同期，我为了履行自己的承诺，把学生科技协会带得更好，竞选成为学生科技协会技术部的部长。在大二时，我把我的主要精力用在了培养新生上面，把我学会的东西都手把手交给师弟，包括经验，还要不断地鼓励他们。周末的培训是持续一整天的，看着师弟师妹们为了学知识做东西都忘记吃饭，这使我十分的欣慰。后来，我带着学习的师弟中的两个参加了广东省电子设计竞赛并且获得了二等奖，登上创新先锋榜，还获得校级奖项十余项，还有很多师弟师妹都成为学校许多团队的核心成员，这是我最骄傲和自豪的地方。大二第二学期期间，我把重心放在第五届机器人大赛上，我与同事一起设计并且制作了可遥控的循迹车，包括硬件的制作与调试、程序的完善与调试，为参赛队员解决遇到的问题，也是半个多月里每天只睡两个小时，其间有一次快撑不住了，有师弟主动问我：“师兄，可不可以让我陪你一起通宵？我也想学习。”当时这句话给了我很大的鼓舞，让我撑了下来，因为我知道我是他们的好榜样，最后比赛成功举办，师弟师妹们学到了很多东西。接着我就跟大三师兄制作飞思卡尔智能车，暑假期间留在学校实验室专研，调试车子，最后在第九届“飞思卡尔杯”全国大学生智能车竞赛华南赛区中获得三等奖。

大三做了毅恒团队的副队长，从那时候起我就不再是一个人在战斗了。在新一年的比赛周期中，继续带领团队积极投入更多的创新活动，同时也跟志同道合和实力相当的朋友组成团队继续专研。例如我“博威杯”智能电网设计竞赛中获得了一等奖，这个比赛是企业出题，限期一个星期内做完。我们制作的是 SOE 信号发生器。对于完全陌生的东西，我们并不是选择放弃，而是研究题目，查找资料，积极讨论，寻找解决方案，并且我们是以制作产品的角度去制作这个比赛，要知道作品和产品之间是有多大的差距。寻找可能的方案，测试各种方案，再选择最佳方案，其间我和队友也是通宵 3 天完成了作品。后来，我在这个作品的基础上做了改进，而且以第一作者的身份发表了相关的论文，还获得了中国自动化学会中南六省区第 33 届学术年会的优秀论文奖。我还同队友一起参与研发制作四轴飞行器项目，这是一个基于农业智能无人化灌溉施肥的前沿项目。该项目将大大解放生产力，提高农业的智能化。在研究这一项目的过程中，吃的苦比以往的多得多，好在有老师和学校的支持，最后我们的作品参加了全国大学生电子设计竞赛，在广东赛区获得了二等奖的好成绩。

我知道我只是我们两万多北理学子中的一个，但是我想通过自己的努力成为能被大家记住的那一个。

丘子锟

会计与金融学院，2012级，中共党员，书记助理，专业排名为30/327。

获奖及评优情况：

共参评优秀学生奖学金5次，其中一等奖2次、二等奖2次、三等奖1次；

获得校“优秀学生”“优秀团员”等荣誉称号5个；

珠海市高新区文化创意产业园项目“优秀项目专员”；

“2015年全国高校商业精英挑战赛会计与商业管理案例竞赛”二等奖；

获得校级“熠熠生辉”主持人大赛第一名等校级奖项3项。

我在北理的奇幻之旅

很荣幸，能与你们分享我在北理的奇幻之旅！

三年前的开学季，我和所有的新生一样，带着一身稚气，怀揣着梦想，在北理开始了一段崭新的人生旅程。这三年多来，我在北理成长着。

从大一刚进来时还保持着高中的学习习惯，到后来每学期名列前茅，荣获奖学金；从当年那个稚嫩又自信的小丫头，逐渐担任班长、学生助理、加入社团锻炼，到现在担任学院书记助理、2014级学生班主任，每年被评为“优秀学生干部”等荣誉称号，这些都是是对我莫大的肯定，小朋友们骄傲我是他们的班导姐姐，是我最大的幸福；从一名普通的共青团员，在北理的见证下成为一名光荣的共产党员；从大一开学典礼坐在台下的一名普通新生，到去年的开学典礼，有幸作为全校的优秀学生代表站在主席台上发言；从大一迎新晚会台下一名普通的观众，到后来站在舞台上主持学校各大型晚会，并代表学校参加广东省主持人大赛，让我从小学到大学都担任校园主持人的经历得以圆满；从大一开始参加大大小小的竞赛，到去年作为团队的队长，和我的小伙伴们代表学校去北京参加全国高校商业精英挑战赛总决赛，并荣获了全国二等奖。然而让我收获最大的不只是成绩，更多的是队长的身份带给我的成长，而这种领导力和沟通力的突出也成功让我在几十名优秀竞争者中脱颖而出，拿下了珠海市文化创意产业园项目专员的资格。

如今我已是小朋友玩笑话中“快要下架的师姐”了。今天，我又站在了这特殊的讲台，回首这三年来我的成长。我无限感慨，无比怀念，因为我发现在我的成长过程中，学校也发生着翻天覆地的变化，如今我们的大北理已是一个充满活力的2A学校！学校与我们共进步、共成长，这正是最值得我们骄傲的地方。我希望自己在逐渐成为综合型高素质人才的同时，学校的明天也能越来越美好！

在学习和工作中不断修炼自己，在追寻梦想的道路上大步前进，努力成为更加优秀的自己，遇见更好的自己，这，就是我在北理的奇幻之旅，你们开启属于自己的奇幻旅程了吗？

王瑞

设计与艺术学院，2012级，中共党员，担任设计与艺术学院党支部副书记。专业排名为1/74。

获奖及评优情况：

共参评优秀学生奖学金6次，其中特等奖2次、一等奖3次、三等奖1次；

国家励志奖学金1次、光大奖学金1次、国家奖学金1次；

获得“优秀学生干部”“优秀共产党员”等荣誉称号6个；

2015年全国“华夏杯”书画大赛银奖（设计作品）；

2015年全国“华夏杯”书画大赛银奖（美术作品）；

2015年全国“国粹杯”书画大赛银奖、金奖；

2014年校级暑假社会调查优秀报告。

我的大学之路

我叫王瑞，来自设计与艺术学院2012级服装设计与工程2班，现在和大家一起走进我的大学生活。时光荏苒，转眼间，已在这里度过三年时光，匆匆三年，从大一入学的迷茫，到大二时的方向确定，再到大三的不断奋斗，直到如今和大家分享大学生活的点滴，这一路经历风雨坎坷、受挫无助及奋发努力后的幡然醒悟，让我有了更清楚的认识，有了想要区别于前一秒自己的动力，它是一个蜕变的过程，它更是一个关于成长的故事。

工作：路漫漫其修远兮，吾将上下而求索

自入大学以来我一直努力争取更多的锻炼机会，在专心于学业的同时，当然更注重自身能力的培养。大学以来也认真从事了许多学生工作（辅导员助理、班级团支书、组织部干事、部长、党支部副书记）。那时的我一直奔跑于三点一

线的生活，每周至少两次的例会，二十几节课程的安排，属于我的夜晚通常也都是在熬夜加班中度过。可能有人不会理解，更不能理解，但不可否认这是我能力的升华过程，更是“痛并快乐着”的一种境界，因为我喜欢服务与奉献。

大一很荣幸地面试成功进入院学生会组织部，从大一的干事，到大二的部长，我用心感悟着，在做部长的那段日子里，我与干事们共同经历酸甜苦辣，历经种种，只为把工作做好。谈到工作必然会遇到困难，依稀记得大家在共事时的一些问题，当时的我向更有经验的师兄师姐学习，走进大家，深入了解每一位干事，使我们融为一个集体，提高能动性。作为学院党支部副书记，也积极开展学院活动（组织学院党团知识竞赛、党支部座谈会、学院学生红色革命地区的参观学习以及学院的党课学习）。作为班级团支书，在我们的共同努力下，班级团支部也被评为“先进团支部”。当然作为辅导员助理，积极协助辅导员完成日常工作的顺利开展便是我的工作和义务。回首这一路走来的点滴，有过气馁，当然收获是更多的！每当工作和学习发生冲突的时候，便时常想起辅导员教给我们的两个字“平衡”，既不耽误学习，也不影响工作的开展，更要学会对大局的把握与多种事情的取舍。

学习：学业精于勤奋，行动成于思考

常讲到“学生以学为生”。的确，作为学生，首要任务必然是学习。从踏入大学校门，我一直认真学习，并一直在这条道路上坚持着。当然我的努力也得到了回报，在大一得到了三等奖学金，但是由于我的不满足与争强好胜，便下定决心更加努力奋斗，从大一下学期开始，这些努力也便有了令人欣慰的收获，获得特等奖学金 2 次、一等奖学金 3 次、国家奖学金 1 次、光大奖学金 1 次，国家励志奖学金 1 次及国家级奖项 4 项，优秀学生干部 2 次、优秀团干 2 次、优秀团员 1 次、优秀共产党员 1 次等校级奖项 13 项。还记得去年在国家奖学金竞选中，和那些师兄师姐相比我真的不算那么优秀，或许是平常的生活里更加注重全面发展的因素，才使我最终入选。相比之下，做一些公益活动不失为一种锻炼自身和令人快乐的事，我喜欢积极服务，满满的爱心积分卡，便成为令我更加快乐的一种方式，同时我也从中收获了满满的喜悦。转瞬三年多，各种奖项的鼓励和师生的认可让我有了更强的存在感和继续努力的勇气。我想只要把简单的事情做好你就不简单，把平凡的事情做好你就不平凡。

思想：思想素质扎实，政治立场鲜明

从小开始，我就在父母的熏陶下，产生了对中国共产党的好感与向往，如今也真的在大学中实现了我儿时的梦想。作为一名学生党员，我想当我在生活中面临挑战，我会尽力做到：努力学习，提高自身价值；保持良好心态，对自己充满信心；坚持自己的信仰，学习党的思想，争取成为一名合格的共产党员。

实践：参与社会实践，提高人生价值

课余的时间里在学业与学生干部工作允许的情况下，有一点我是不会忽略的——那就是社会实践，因此我在课余积极参加了学校及校外社会实践的活动，共参加学校公益活动二十余次，也去过深圳文博会，参加了中山学生干部培训社会实践、孙中山故居实践学习、服装设计公司参观学习等，通过实践活动，来丰富自己的大学生活，增加更多的见闻和感受。

风雨兼程的两年多，我用汗水与执着换来了今日的成长与收获，在人生路上迈出了坚实的第一步。过去并不代表未来，努力才是真实的内涵。在取得各方面成绩的同时，我也谨记着“没有最好，只有更好！”心有多大，舞台就有多大，在未来的生活中，我会更加努力迎接更大的挑战，用辛勤的汗水谱写美好的明天。

不负年华，不负北理。

尹业育

商学院，2012 级，共青团员，担任商学院辅导员助理。专业排名为 7/397。

获奖及评优情况：

共参评优秀学生奖学金 5 次，其中特等奖 3 次、一等奖 2 次；

获得“优秀学生”“优秀团员”等荣誉称号 4 个；

参与校大学生创新项目——基于珠海唐家湾历史文化遗产保护现状的调研；

《珠海唐家湾历史文化遗产保护及其现状》获 2014 级校级优秀报告；

获得第五届外贸技能大赛一等奖等校级奖项 5 项。

自 强 人 生

走在熟悉的校道上，听着广播台播放的老歌，恍惚自己回到了四年前，回到同样的一条路，听着同样的一首歌。忘了十年寒窗，忘了高考失利，周围的一切都让我对未来充满希望，我会努力让自己配得上以后想要过的生活。四年的时光渐渐在脑海里模糊，但蓦然间想起来会习惯性地嘴角上扬，这对我而言就已经足够了。

大一，在平淡无奇的生活中感受茁壮成长的力量。对我而言，学习在整个大学的分量是举足轻重的，但这并不意味着社团以及社会实践不重要。在二者可以兼顾的情况下，全面地发展自己才是最重要的。我不知道自己是怎么走过那段如此忙碌的时光，但庆幸的是我做到了。永远不要低估了自己，只要有心就能做到。大一时我参加了三个社团，偶尔参加个有意义的比赛，虽然很忙，但也很充实。在商院学习部我学会了如何去组织一次辩论赛；在社联我忘记了胆怯和腼腆，走上报告厅前台做主持人；在助理团学会了处理各种学生事务。

很多东西是你的选择，你可以选择懦弱，也可以选择坚强。

大学的每一个阶段，对我而言都是一种心情的沉淀。从开始的一腔热血到现在的沉稳冷静，我已经忘了是什么东西塑造成了今天我觉得还算自信坚韧的自己。但可以肯定的是，这些改变我的东西，一定遍布在这四年时光中的每一个角落。生活的有趣之处就在于很多东西都出人意料，我从来就没有想到自己会站在台上当主持人，也从来没有想到在学习部认识的朋友都是大学里的挚友，更没有想到几年后的今天分享的是这样一种情感。所以我很难用一个词或几个词描述自己的大学，有些东西只是潜移默化地改变你的心态，甚至你的个性。但只要是往好的方向发展，就已经足够了。

我想对大一的你们说的是，真的希望你们走过这几年，在记忆中有属于自己独特的风景。想起之前的心酸痛苦能一笑而过，然后很坚定地告诉自己，谢谢当初那个什么都不懂还选择坚持的自己。

罗壮志

文法学院，2012 级，中共党员，担任文法学院 2014 级新生班主任。专业排名为 3/267。

获奖及评优情况：

共参评优秀学生奖学金 5 次，其中特等奖 3 次、一等奖 2 次；

国家励志奖学金 1 次；

获得“优秀学生”“优秀团员”等荣誉称号 8 个；

2013—2014 学年度获得光大奖学金；

北京师范大学珠海分校三校案例分析大赛优秀奖；

北京理工大学珠海学院三校案例分析大赛亚军；

2014 年获定向越野大赛亚军。

我的凌霄天梯

我来自小农村，各方条件可以说是极其普通。尽管普通，以笑相拥；就算平凡，不忘坚强。一直坚信，越努力越幸运，总有一天，凌霄而飞，奋斗路上，笑容灿烂。

凌霄天梯第一级——对待天职，绝不懈怠

我是一名学生，学生的天职是什么？毋庸置疑，是学习，对于这一点，我一直清楚知道，因此，从不敢懈怠。在学习上，我刻苦认真，努力提高自己的专业水平，也取得了一些明显的成效，到了大二，我也因总成绩排名第一获得了特等奖学金。在这个过程中，我从刚入学的迷茫，到现在的淡然，我从那会儿的漠视法律、不懂法律，到现在的喜欢法律、欣赏法律，我的成绩从大一的不算起眼，到现在的专业前三。感谢自己坚持了下来！所幸，自己的努力没有

白费，在大二那年，拿到了国家励志奖学金，大三那年，获得了光大奖学金，2015 年，也成为国家奖学金的获得者。

凌霄天梯第二级——奋斗途中，不断突破

刚进大学校园，我就加入了学生会、法律实践协会，同时也是第一届校自强社、院自强分社成员，以及图书室管理员。在进入大二之后的部长换届选举中，有幸竞选为学习部部长，至此，角色来了一个转变，我还深刻记得自己刚进社团时的怯懦，上台的发抖，部长说："你别抖啊，你抖得我都紧张了。"我说："行，我尽力控制一下。"这一试就一发不可收拾。当上学习部部长后，举办中华经典诵读大赛、模拟法庭等大赛，已经能够运筹帷幄，淡定、从容。我从小就是个胆小怕事的人，因为这样，家人、朋友甚至怀疑过我到底适不适合法学这个专业，但他们不知道，从决定来北理那一刻开始，我就做好了改变的准备。加入社团，成为部长，可以说就是我的转折期。在这之后，我更是不断寻找锻炼的机会，在卸任了学习部部长一职之后，我选择了继续投入学生工作，担任 2014 级的新生班主任。学生工作就是一场马拉松，开始时斗志昂扬、马力全开的人很多，拼尽全力、坚持跑完的却很少。

感谢自己，把学习与工作协调了起来。

凌霄天梯第三级——纸上得来终觉浅，绝知此事要躬行

一直以来，大家都说我是兴趣广泛，又把时间处理得很好的人。其实就像很多人说的，时间就像脑袋上的头皮屑，使劲鼓捣几下，总能掉下一些。我也是这么觉得。因此，我还热衷于根据自己的兴趣参加比赛，也取得了一些成绩。我一直认为，天才会有，但毕竟是少数，我不想去期待成为那些少数，我想做另一种天才，这种天才叫作努力。

除了这些社团经验、竞赛等在校内进行的实践之外，我还乐于参加诸多校外活动，我会利用空闲时间参加"毕业送"、迎新、义教等公益活动，参加普法宣传、法律援助、法院实习、各类兼职等社会实践活动，投身其中，享受欢笑。另外，纸上得来终觉浅，绝知此事要躬行。进入大学两年多来，书本知识学的倒挺多，但实践机会还得自己把握，我还会寻找各类实践的机会，努力提升自己。在这些实践的过程中，往往可以学到很多原先想不到的东西。

大学三年，我也才走了这三级天梯，回眸自己走过的这段路，虽然每一步都有挫折与磨难，但更多的是欢笑与喜悦。人说大学也是一场旅行，不必在乎目的地，只要去体会沿途的风景以及看风景的心情。在接下来的路上，我还是会面带笑容，不断拼搏，就算不知道自己最后会走到哪里，但至少让自己笑着走得更远一点。

吴焱鸣

信息学院，2012级，中共党员，担任信息学院第十届团总支学生会主席。专业排名为5/142。

获奖及评优情况：

共参评优秀学生奖学金5次，其中一等奖3次、二等奖2次；

获得珠海市“优秀学生干部”“优秀团员”等荣誉称号7个；

获得十榜人物“社团精英榜”登榜人物；

共青团珠海市委员会大学生“经营行动”成绩排珠海市第二名；

中国移动珠海分公司动感实践营营销策划二等奖；

第九届简历制作暨模拟招聘会二等奖、最佳人气奖；

优秀学生自治案例二等奖；

管理案例分析大赛二等奖。

厚积薄发，贵在坚持

本人吴焱鸣，男，汉族，于1994年1月出生于广东梅州，现就读于北京理工大学珠海学院信息学院2012级通信工程专业。从步入大学的那一刻起，我便告诉自己，天道酬勤，自强不息，机会永远只留给准备好的人！

从入学至今，我一直告诫自己，不要忘记学习是学生的天职，只有拥有雄厚的知识储备，才能厚积薄发，在大学里发光发热。所以无论大学课外生活多么丰富，社团活动有多么忙碌，你都总能在图书馆的某个角落里，发现我的身影，我不是传统意义上的学霸，但我却想利用好自己的每一分每一秒，去增加自己的知识储备。也正是因为大一至今对学习的坚持，让我在本专业的学习中名列前茅，也为自身的发展打下了坚实的基础。

当然学习之余我也不忘加强自身的其他素养，培养自己各方面的能力。于是在大二时我积极参加各式各样的活动，在锻炼中成长。在信息学院学生会担任外联部部长期间，我学会了与各式各样的人沟通，学会了敢于承担来自不同方面的压力，不断成长；同时还加入了校团委实践部，学着去策划和执行暑期社会实践活动，学会站在不同的角度去思考问题；同时还有幸加入中国移动珠海分公司北理工动感营业厅实习，为广大师生服务，也让我遇事变得更加耐心，处事变得更加成熟与稳重。

有了前两年的坚持与沉淀，我懂得了如何克服恐惧，迎难而上，更学会了如何把握每一个机会，厚积薄发。在 2014 年 7 月，我竞选并成功当上了信息学院第十届学生会主席，在任期间，不仅个人荣登十榜评选活动之“社团精英榜”，同时还带领团总支、学生会以总分第 3 名的优异成绩入围“十佳团队榜”。不仅如此，我所负责的“校园活动经理人”项目也在今年三月被评为 2014 年全校唯一一个省级学生事务管理精品项目。我连续三年被评为校优秀团干，连续两年被评为校优秀学生干部，同时也成为信息学院 2014—2015 年度唯一一个被评为珠海市“优秀团员”的学生。在刚刚过去的十月，更是有幸在 2015 年度“榜样在身边”优秀学生党员报告会上作为学生标兵发言。

或许周围很多人都只看到我的成绩和光芒，其实背后的付出与努力只有我自己知道；很多人只看到我站在领奖台上时的笑容，却看不到荣誉背后的汗水与泪水。我相信，每一个取得成绩的人背后一定有别人不知道的心酸故事，每一次的成功背后一定有之前的努力在为之铺垫。迷茫时，踏踏实实做好手头上的每一件事，不要觉得自己现在的努力和付出全是徒劳，相信自己，贵在坚持，有一天你成功了，你一定会笑着把这些故事分享出去！

天道酬勤，自强不息，厚积薄发，贵在坚持！

邓贞贞

材料与环境学院，2012 级，共青团员，担任 2014 级安全工程 1 班班主任助理。专业排名为 1/56。

获奖及评优情况：

共参评优秀学生奖学金 6 次，其中特等奖 4 次、一等奖 2 次；

国家励志奖学金 2 次；

获得“优秀学生”“珠海市优秀共青团员”等荣誉称号 4 个；

发表论文 4 篇，其中《氢氧化镁对磷酸二氢铵灭火剂性能的影响》论文发表于《广东化工》2015 年第 3 期；

2014 年度珠海市职业安全健康知识竞赛优秀奖；

2014 年材料与环境学院（原化工与材料学院）“P 出赛绩，讲出魅力”PPT 演讲大赛优秀奖。

不一样的人生

大家好！我叫邓贞贞，来自化工与材料学院 2012 级安全工程专业 2 班。今天我跟大家分享的主题是：别人眼中的邓贞贞。

在老师的眼中，我是一个“喜欢挑战不可能的邓贞贞”。在大二的时候，我负责广东省大学生创新项目，关于珠海市交叉口的交通改善设计课题。对于一个非交通工程专业的学生来说，研究这个课题，无疑是一个巨大的挑战。但是为了完成这个课题，我努力学习相关知识，并且邀请交通工程专业的学生参与进来，经过了一个多月的外出记录数据，以及一个多星期的数据处理和论文撰写，我们最终克服挑战，完成该课题的研究，并且发表了 2 篇相关的学术论文。此外，我还参加过一个关于 ABC 干粉灭火剂灭火性能研究的课题，并在期刊《广东化工》上发表了一篇相关学术论文。很多人都认为本科期间发表论文是一件不可能的事情，科研之路遥遥无期，但是，大学期间，我一共发表了4篇论文，我做到了。因此，我想告诉大家，有些事貌似不可能，但是只要你勇于挑战，迎难而上，总会取得成功的。

在同学的眼中，我是一个“学霸型的邓贞贞”。大学期间，我从未舍本逐末，学习是一个学生最基本的任务。专业排名第1，拿过1次国家奖学金、2次国家励志奖学金、4次特等奖学金、2次一等奖学金。别人眼中的这个学霸是怎么炼成的呢？大学期间，无论多忙，我都会坚持课前做好预习工作，课堂上认真做笔记，平时遇到不懂的问题就问老师和同学。同时，我坚持每天进行总结与规划，到了复习阶段，我总是一个人默默地坐在图书馆的角落里专心复习。此外，我还经常去图书馆翻阅与专业相关的和不相关的书籍，提高我的专业素养，拓宽我的视野。

在朋友的眼中，我是一个“爱擦黑板的邓贞贞”。与其说爱擦黑板，不如说我更懂得做好一个学生的本分工作。每天早早来到课室，开始擦黑板、打开课室的投影仪，等待同学们和老师的到来。天天如此，节节课如此。别人可能会说我傻，但是我喜欢，并且乐此不疲。

在别人的眼中，我是一个积极参加各种社会实践活动的邓贞贞。去年暑假，我参加了团市委暑期精英行动。作为拱北组的组长，我带领队员走访了50多家企业，与他们的经理和员工进行交流，一次次顺利完成了我们的建团任务。实践期间，我们成功举办了一次主题为“七夕幸福瞬间”的团日活动，为拱北口岸的旅客拍下他们幸福的微笑。街道办的领导以及队友都认为我是一个负责称职的小组长，我获得了团市委的实习证明，也被评为“珠海市优秀共青团员”。这次实践，不但锻炼了我的交际能力，更让我收获了很多书本上学不到的知识。

我也曾担任珠海市高新区消防体验中心副主任，主要负责体验中心前期筹备工作以及日常管理工作，组织并对馆内其他讲解员进行培训。我多次向前来参观的单位领导、企业员工、中小学生介绍馆内消防设备，为他们解说火场逃生的正确方式以及注意事项，并带领他们亲身体验模拟火场逃生通道。目前，我们已经接待了100多批参观人员，其中包括高新区安监局、高新区消防局的领导，以及周边的企业员工和中小学生。我的工作也得到主任及学院领导的认可与表扬。

同时，我也积极参加与专业相关的实践活动。大二的时候，有幸作为高新区安全生产培训助理，协助讲师为高新区 200 多家企业进行安全生产培训。在培训之前，我们都会提前到企业参观生产车间，了解生产过程中可能存在的隐患，按照企业的类别进行培训，比如危险化学品行业、机械行业、食品行业等。针对不同的行业，进行相关的安全生产培训。这次实践，让我提前了解到专业相关的知识，也帮助我更好地规划自己的未来。

大学三年，我学会了学习，学会了实践；我学会了独思，学会了分享；我学会了选择，学会了放弃；我学会了成功，也学会了失败。路漫漫其修远兮，吾将上下而求索。

请记住：没有蓝天的深邃，可以有白云的飘逸；没有大海的壮阔，可以有小溪的优雅；没有原野的芬芳，可以有小草的翠绿；没有高山的雄伟，可以有平原的辽阔！活出自己的风采，才会有不一样的人生。